비즈니스 한국어 문형

Корейский язык для бизнеса

한국회사와 기업에서 처음 일하게 될 외국인을 위하여
Для иностранцев, которые впервые собираются работать в
корейских компаниях

Корейский язык для бизнеса

비즈니스
한국어 문형

러시아어권 학습자를 위하여
Для русскоязычных изучающих

곽부모 Бумо Каук

역락

머리말

　전 세계 여러 대학에서는 전공과정, 또는 교양과정으로 외국어로서의 비즈니스 한국어를 가르치고 있다. 국내에서 출판 되어 특수 목적으로 비즈니스 한국어를 배우는 학생들을 위한 교재를 제외하면 해외 대학에서 비즈니스 한국어를 배우는 현지 학생들을 위한 교재가 거의 없다는 사실에 한국어를 가르치는 교사이자 연구자로서 이 책을 구상하게 되었다.

　이 책은 비즈니스 한국어 문형을 공부하기 위한 책으로 기초적인 한국어 의사소통 능력이 가능한 학생이 한국어를 바탕으로 비즈니스 업무와 한국기업의 직장문화를 이해할 수 있도록 구성하였다. 비즈니스 한국어에서의 대화는 상대와 목적에 따라 대화의 구성이 달라야 하는 것이 당연하다. 따라서 그 목적에 맞는 단어와 표현을 연습하고 보다 실용적으로 접근할 필요가 있다. 이에 비즈니스 상황에 맞는 다양한 문형 표현을 제시하고 한걸음 더 나아가 다양한 문장을 만들어내고 새로운 상황에서도 응용할 수 있도록 구성하였다.

　국내에서도 마찬가지이지만 특히, 해외에서 한국어를 가르치는 것은 학습자의 동기, 태도, 학습 환경에 따라 영향을 크게 받게 된다. 다르게 말하면, 가르치는 데에 있어 힘든 요소들이 있고 발전하는 학습자들을 보기까지 생각보다 오랜 시간이 걸린다. 따라서 인내심을 가지고 노력하지 않으면 제대로 성과를 내기가 어렵다. 지금까지 소명감을 가지고 영리함보다는 뚝심으로, 이해와 타산보다는 신뢰로 학생들을 가르칠 수 있게 가르침과 응원을 아끼지 않으신 존경하는 스승님들, 그리고 국내와 해외 한국어 교육 현장에서 소명감을 가지고 같은 길을 걷고 있는 동료 선생님들, 20년 가까이 한국어를 가르치면서 보람과 행복을 느낄 수 있게 해준 여러 나라의 제자들, 거친 파도와 바람에도 늘 같은 배를 타고 여러 나라를 항해하고 있는 가족에게 고마운 마음을 전하고 싶다. 비즈니스 한국어를 공부하는 국내와 해외의 모든 학생들에게 도움이 될 수 있게 기꺼이 이 책을 출판해주신 역락출판사의 이대현 대표님과 오랜 친구이자 편집을 맡아준 이태곤 편집이사와 실제 작업을 책임진 안혜진 팀장에게 진심으로 감사의 마음을 전한다. 끝으로 이 책을 번역하는 데에 있어서 문장의 느낌이 현장에서 보다 실제성을 가질 수 있도록 도움을 준 아이누르와 탈리나에게 진심으로 고마움을 전한다. 한국어학, 국제경제학, 국제통상학 전문가로서의 그들의 한국기업에서의 경험과 오랫동안 한국인 직원들과 생활하면서 느끼고 경험한 직장 문화는 이 책이 한국회사에서 처음으로 근무하게 될 외국인들에게 직장인으로서 한 걸음 더 다가갈 수 있도록 해 줄 것이다.

Автор: Бумо Каук

Деловой корейский язык преподается во многих университетах как часть общего образования или основной учебной программы. Для меня, как профессора, преподающего корейский язык, идея написать эту книгу возникла после осознания того, что для иностранцев, изучающих деловой корейский язык в иностранных университетах, почти нет учебников, за исключением тех, которые изданы в Корее и предназначены для студентов, изучающих деловой корейский язык для особых нужд.

Цель этой книги, как инструмента для изучения фразеологизмов делового корейского языка, состоит в том, чтобы помочь студенту с базовыми корейскими навыками общения понять корейскую корпоративную культуру и способы ведения бизнеса в Корее. Речевые структуры в деловом корейском языке различаются и зависят от того, кто является вашим собеседником и какова цель диалога. Поэтому существует необходимость в более практическом подходе, в частности, в использовании словарного запаса и фраз, подходящих для той или иной ситуации. В связи с этим книга организована таким образом, что представлены различные шаблоны фраз, подходящие для различных деловых ситуаций, так что студент может сделать шаг вперед, составив свои собственные различные предложения для использования в новой деловой ситуации.

Мотивы, отношение и учебная среда студента влияют на способ преподавания корейского языка в зарубежных странах, а также в Корее. Другими словами, существуют различные сложные аспекты преподавания, и требуется значительное время, больше ожидаемого, чтобы увидеть, как ученики развивают свои навыки. Я хотел бы выразить свою благодарность уважаемым учителям, которые чувствуют свое истинное призвание и не жалеют сил и делятся мудростью, чтобы учить студентов из доверия, а, из настойчивости, не из собственных интересов и не для извлечения прибыли. Также выражаю благодарность и моим коллегам в Корее и за рубежом, которые идут по тому же пути с высшей целью обучения корейскому языку, моим ученикам из разных стран, которые делают меня счастливым и помогают чувствовать себя достойным преподавания корейского языка на протяжении почти 20 лет, и моей семье, которая всегда была рядом со мной в одной и той же лодке, что движется в разные страны и проходит сквозь огонь и воду. Вдополнение, я хотел бы искренне поблагодарить генерального директора издательской компании Youkrack Ли Дэхёна, редакционного директора и старого друга Ли Тэгона и руководителя группы Ан Хейджин за их помощь. Также, хотел бы сказать большое спасибо Мухаметову Айнуру и Гаязовой Талине, специалистам по корейскому языку, магистрам в области международной коммерции и торговли, работающим и общающимся с корейскими коллегами на протяжении многих лет в корейских компаниях. Эта книга поможет всем студентам, изучающим деловой корейский язык как в Корее, так и за рубежом. Полезным будет и то, что эта книга написана с использованием реалистичных примеров со специфическими нюансами культуры делового корейского языка.

책 활용 방법 Как пользоваться книгой

한국회사에서 비즈니스 한국어를 사용해야 할 때, 또는 업무 상황에 따라 필요한 한국어를 사용해야 할 때 이 책의 문형 표현들을 활용할 수 있다.

이 책에서 제시한 유용한 문형 표현을 연습하고 각 단원에서 강조한 문형 표현을 확인하기와 종합연습에서 제시된 어휘와 대화를 통해 연습하면 도움이 될 것이다. 그리고 문형 연습에서 제시 된 대화마다 중요 문형 표현들이 들어있어서 이들 문형 표현들을 대화를 통해 연습한다면 비즈니스 한국어 상황에서 필요한 표현들을 수월하게 활용할 수 있을 것이다. 또한 각 문형 표현마다 알아야 할 한걸음 더(비즈니스 한국어 TIP)을 통해 한국기업의 직장문화를 이해하는 데에 도움이 되도록 하였다. 마지막으로 종합연습을 통하여 배운 내용을 스스로 점검하는 것을 잊지 말아야 하겠다.

Вы можете работать с учебником последовательно по главам или выбрать раздел в зависимости от потребностей вашей сферы бизнеса.

Начните изучение блока с полезных речевых оборотов. Практическое использование речевых оборотов представлено в практике диалога, это поможет вам легко понять, в каких деловых ситуациях можно использовать эти фразы. Лексикон, который часто используется с представленными речевыми оборотами, выделен жирным шрифтом. Затем попробуйте выполнить упражнения по лексикону и переводу предложений в Задании 1 и Задании 2. И в каждом блоке вы увидите «Шаг вперед» (Деловой корейский совет), который поможет вам понять корейскую корпоративную и деловую культуру. Наконец, не забывайте практиковать речевые обороты и весь словарный запас в комплексной практике.

책의 각 과에 포함된 내용은 다음과 같다:
Вы можете использовать каждую главу этой книги в следующем порядке:

• 핵심 문형 안내 Объяснение речевого оборота;

• 문형 연습 Практика речевого оборота;

• 대화 연습 Практика диалога

• 한 걸음 더 (비즈니스한국어 TIP) Шаг вперед (Деловой корейский совет)

• 확인하기 1 (단어) Задание 1 (Лексикон)

• 확인하기 2 (문장) Задание 2 (Предложения)

• 종합연습(대화) Комплексная практика (Диалог)

목
차

Глава. 11

Командировка 출장

Глава. 12

Отпуск 휴가

Глава 01

Поиск работы 직업 찾기

● ○ ○

채용 정보와 근무 조건 확인하기
Информация о наборе персонала и условия труда

제 이름은 ~입니다.

▶▶▶▶▶▶▶▶▶

Речевой оборот для представления себя
(Чтобы представиться, корейцы обычно говорят вместе свою фамилию и имя).

 Практика речевого оборота

제 이름은 김영수입니다. │ **Меня зовут** Ким Ёншсу.

제 이름은 시모나입니다. │ **Меня зовут** Симона.

제 이름은 테레자입니다. │ **Меня зовут** Тереза.

제 이름은 라지즈입니다. │ **Меня зовут** Разиз.

제 이름은 탈리나입니다. │ **Меня зовут** Талина.

 Практика Диалога

A: 만나서 반갑습니다. 제 이름은 김영미입니다. │
   Приятно с Вами познакомиться. Меня зовут Ким Йонгми.

B: 제 이름은 마틴입니다. 만나서 반갑습니다. │
   Меня зовут Мартин. **Приятно познакомиться.**

A: 앞으로 잘 부탁드리겠습니다. │
   Я надеюсь на плодотворное сотрудничество.

B: 네, 저도 잘 부탁드립니다. │ Я тоже на это надеюсь.

Меня зовут ~.

 **Шаг вперед**

한국 회사에서는 보통 직위(Job title)를 붙여서 호칭을 사용한다. ≪김 과장님≫, ≪김영미 과장님≫, ≪과장님≫ 등으로 호칭을 사용하고 ≪이름+직함≫은 사용하지 않는다. 예를 들면, ≪김 과장님≫은 사용할 수 있지만 ≪영미 과장님≫이라고 사용해서는 안 된다.

Обычно в корейских компаниях принято обращаться друг к другу, добавляя должность (직위, 직함) к фамилии или к полному имени или обращаться только по должности, например, в виде следующих форм (호칭): ≪김 과장님≫ (≪менеджер Ким≫), ≪김영미 과장님≫ (≪менеджер Йонгми Ким≫), ≪과장님≫ (≪менеджер≫). Недопустимо называть другого человека ≪Имя + должность≫: ≪영미 과장님≫ (≪менеджер Йонгми≫), а правильно говорить ≪김 과장님≫ (≪менеджер Ким≫).

02 ~을/를 전공했습니다.

▶▶▶▶▶▶▶▶

Речевой оборот для рассказа о том, по какой специальности Вы заканчивали университет.

 Практика речевого оборота

저는 러시아대학교에서 한국어학을 전공했습니다.
Моя специальность в Российском университете была Корейская лингвистика.

저는 체코대학교에서 비즈니스 한국어학을 전공했습니다.
Моя специальность в Чешском университете была деловой корейский язык.

저는 필리핀대학교에서 한국 역사를 전공했습니다.
Моя специальность в филиппинском университете была корейская история.

저는 한국대학교에서 한국어문학을 전공했습니다.
Моя специальность в корейском университете была корейская литература.

저는 우즈베키스탄대학교에서 한국어교육학을 전공했습니다.
Моя специальность в университете Узбекистана была педагогика корейского языка.

 Практика Диалога

A: 박 대리님, 만나서 반갑습니다. │ Помощник менеджера Пак, приятно познакомиться.

B: 모니카 씨, 저도 반갑습니다. │ Мисс Моника, я тоже рада познакомиться.

A: 박 대리님과 같은 부서에서 일하게 되어 기쁘게 생각합니다. │
Я рад, что я буду работать с вами в одном отделе.

B: 아, 그래요. 모니카 씨는 대학에서 무엇을 전공했습니까? │
О, я тоже. Какая у тебя была специализация в университете?

20   비즈니스 한국어 문형

Я закончил ~ по специальности ~.

A: 네, 저는 체코대학교에서 비즈니스 한국어학을 전공했습니다.
Моя специальность в Чешском университете была деловой корейский язык.

 Шаг вперед

해외 대학교에서 한국어를 배울 때에 단일전공 프로그램이 없어서 부전공이나 복수전공으로 한국어를 배우는 경우가 많다. 이런 경우에는 ≪제 전공은 경제학이고 부전공으로 한국어학을 공부했습니다≫. ≪저는 국제관계학과(Department of International Relationship)에서 한국어학(Korean Studies)을 복수전공했습니다.≫라고 표현할 수 있다. 경제학(Economics), 경영학(Business Administration), 사회학(Sociology), 컴퓨터공학(Computer Engineering), 기계공학(Mechanical Engineering), 철학(Philosophy), 법학(Law), 영어영문학(English language and Literature), 수학(Mathematics), 전자공학(Electronic Engineering) 등의 전공을 한국어로 알고 있으면 유용하다.

В большинстве иностранных университетов не существует единой специальности (단일 전공) для изучения корейского языка, поэтому обычно его изучают либо как второстепенный (부전공), либо как второй основной (복수전공, буквально: множественная специальность). В таких случаях вы можете сказать: ≪제 전공은 경제학이고 부전공으로 한국어학을 공부했습니다.≫ / ≪Моя основная специальность экономика, дополнительная-корейская лингвистика≫, ≪저는 국제관계학과 (Факультет международных отношений)에서 한국어학 (Корейская лингвистика)을 복수전공했습니다.≫ / ≪Моя вторая специальность на факультете международных отношений-корейская лингвистика≫. Будет полезно вспомнить следующие специальности на корейском языке: 경제학 (экономика), 경영학 (управление бизнесом), 사회학 (социология), 컴퓨터 공학 (компьютерная инженерия), 기계 공학 (машиностроение), 철학 (философия), 법학 (право), 영어 영문학 (английский язык и литература), 수학 (математика), 전자 공학 (электронная инженерия).

03 ~에서 일한 적이 있습니다.

Речевой оборот для рассказа о Вашем опыте работы.

 Практика речевого оборота

저는 한국자동차회사에서 일한 적이 있습니다.
У меня есть опыт работы в корейской автомобильной компании.

저는 한국대사관에서 일한 적이 있습니다.
У меня есть опыт работы в корейском посольстве.

저는 체코에 있는 한국회사 지점에서 일한 적이 있습니다
У меня есть опыт работы в Чешском филиале корейской компании.

저는 한국무역회사에서 일한 적이 있습니다.
У меня есть опыт работы в корейской торговой компании.

저는 한국문화원에서 일한 적이 있습니다.
У меня есть опыт работы в Корейском культурном центре.

 Практика Диалога

A: 한국회사에서 일한 경험이 있습니까?
У Вас есть опыт работы в корейской компании?

B: 네, 한국회사에서 인턴으로 일한 적이 있습니다.
Да, у меня есть опыт работы в корейской компании в качестве стажера.

A: 얼마동안 일을 했습니까? Как долго Вы там работали?

B: 1년 동안 일한 경험이 있습니다. Опыт работы 1 год.

У меня есть опыт работы в ~.

A: 우리회사 제품을 사용한 적이 있습니까? | Вы пробовали продукт нашей компании?

B: 네, 제가 자주 사용하는 제품입니다. | Да, я пользуюсь им очень часто.

 Шаг вперед

한국 대학에 재학 중이거나 어학연수 후에는 체류자격 외 활동 허가를 받아서 합법적으로 아르바이트 일을 할 수 있다. 한국 정부에서는 매년 외국인 유학생 채용박람회를 개최하여 외국인 유학생의 한국 내 취업을 돕고 있으며, 외국인 유학생 취업 지원 홈페이지(http://jobfair.contactkorea.go.kr/)를 통해 자신의 이력서를 제출할 수 있고, 구인구직 정보를 확인하여 원하는 직장에도 지원이 가능하다. 그리고 해외에 있는 한국대사관을 통하여 워킹홀리데이(Working Holiday) 비자를 신청한 후에 한국에서 일을 할 수도 있다. 워킹홀리데이는 협정 체결 국가 청년(대체로 만 18~30세)들에게 상대 국가에서 체류하면서 관광, 취업, 어학연수 등을 병행하며 현지의 문화와 생활을 경험할 수 있는 제도로 현재 체코, 캐나다, 스페인, 호주 등 23개 국가(http://whic.mofa.go.kr/)와 협정을 체결하였다.

Во время учебы (재학) в университете или после окончания языковых курсов (어학연수), можно по закону (합법적으로) работать неполный рабочий день после получения специального разрешения иммиграционной службы в дополнение к праву временного пребывания (체류자격). Корейское правительство ежегодно проводит ярмарку вакансий (채용 박람회) для иностранных студентов, что помогает им получить работу (취업을 돕다) в Корее. Вы можете подготовить свое резюме (이력서를 제출하다) на официальном сайте ярмарки вакансий (http://jobfair.contactkorea.go.kr/), и после проверки всех объявлений о вакансиях (구인구직 정보) можете подать заявку на ту, которую Вы предпочтете. Также можно работать в Корее после получения визы ≪Рабочий отпуск≫ в корейских посольствах за рубежом. Эта виза применима для молодых людей (в основном, от 18 до 30 лет), которые являются гражданами 23 стран, подписавших соответствующее соглашение (협정 체결 국가): Чешская Республика, Канада, Испания, Австралия тд. (http://whic.mofa.go.kr/). Обладатели визы ≪Рабочий отпуск≫ вместе с (병행하다, буквально: параллельно) путешествием и изучением корейского языка могут познакомиться с корейским стилем жизни и культурой.

~에서 일하고 싶습니다.

Речевой оборот для выражения вашего желания.

Практика речевого оборота

저는 인사부(팀)에서 일하고 싶습니다. | Я хочу работать в отделе кадров.

저는 총무부에서 일하고 싶습니다. | Я хочу работать в административном отделе.

저는 제품개발부에서 일하고 싶습니다. |
Я хочу работать в отделе разработки продуктов.

저는 영업부에서 일하고 싶습니다. | Я хочу работать в отделе продаж.

저는 홍보부에서 일하고 싶습니다. |
Я хочу работать в отделе связей с общественностью.

Практика Диалога

A: 어떤 부서에서 일을 하고 싶습니까? | В каком отделе вы хотите работать?

B: 저는 한국회사에서 관리 업무 보조를 한 적이 있습니다. |
У меня был опыт работы в качестве помощника по административной работе в корейской компании.

A: 그럼, 총무부에 지원하는 것이 어떻습니까? |
Так как насчет трудоустройства в административный отдел?

B: 네, 저는 동료들과 소통하는 것을 좋아해서 총무부에서 일하고 싶습니다. |
Да, мне нравится общаться с коллегами, поэтому я хотел бы работать в административном отделе.

Я хочу работать в ~.

 Шаг вперед

한국의 큰 회사는 보통 한국에 본사를 두고 해외에는 지사, 사업소, 영업소, 공장 등을 만들어 운영을 한다. 한국회사의 부서(팀) 명칭을 보면, 인사부, 총무부, 경영지원부, 재경부, 영업부, 고객지원부, 연구개발부, 생산관리부, 해외사업부, 홍보부 등으로 구성되어 있다.

Корейские компании обычно имеют свои штаб-квартиры (본사) в Корее и создают и управляют (운영하다) филиалами (지사), бизнес-офисами (사업소), офисами продаж (영업소) и заводами (공장) за рубежом. Большинство отделов в корейских компаниях: HR (인사부), администрация (총무부), поддержка менеджмента (경영 경영), финансы (재경부), продажи (영업부), поддержка клиентов (고객지원), исследования и разработки (연구개발), управление производством (생산관리부), продажи за рубежом (해외사업), связи с общественностью (홍보부) и тд.

05 ~에 대해 질문해도 될까요?

Речевой оборот для запроса необходимой информации.

 Практика речевого оборота

회사 연봉에 대해 질문해도 될까요? | Могу ли я спросить о зарплате в компании?

회사 복지에 대해 여쭤봐도 될까요? |
Могу ли я спросить о социальном пакете компании?

회사 휴가제도에 대해 질문해도 될까요? |
Могу ли я спросить о политике отпусков в компании?

회사 직원 혜택에 대해 여쭤봐도 될까요? |
Могу ли я спросить о привилегиях работников в компании?

 Практика Диалога

A: 일주일에 근무시간은 어떻게 됩니까? | Сколько рабочих часов в неделю?

B: 네, 우리회사는 주 34시간 근무제를 하고 있습니다. |
Наша компания работает по 34-часовой рабочей неделе.

A: 직원 혜택에 대해 질문해도 될까요? |
Могу ли я спросить о привелегиях для работников?

B: 매달 급여일에 맞추어 직원 복지비를 지급합니다. 그리고 매년 1회 항공료와 숙박비 등 직원들의 해외 여행비를 지원하고 있습니다. |
Каждый месяц в день выплаты заработной платы выплачивается пособие по социальному обеспечению. Также раз в год наша компания оплачивает авиабилет и проживание, а также другие расходы сотрудников.

A: 회사 휴가제도에 대해 알고 싶습니다.

Я хотел бы знать об отпускной политике компании.

B: 1년 근속할 때마다 2주간의 유급 휴가를 지원하고 있습니다.

2 недели оплачиваемого отпуска предоставляются каждый год непрерывной работы.

 Шаг вперед

유럽에 있는 H한국회사에서는 직원들을 위해 다양한 복지 혜택을 지원하고 있다. 1일 8시간 근무를 원칙으로 하고 있으며 일부 부서의 시범 적용을 시작으로 2020년에는 전 직원을 대상으로 주 4일제 근무를 시행할 예정이다. 그리고 회사 입사 후에 2년 근속을 하게 되면 급여 외 3000유로를 별도 지급하기도 한다. 휴식 공간 역시 모든 직원들이 편하게 일을 할 수 있도록 시설이 잘 갖추어져 있다. 예를 들면, 업무 시간 외, 또는 점심시간에 헬스장을 사용할 수 있다.

Европейский филиал корейской компании «Н» предлагает своим сотрудникам разнообразные социальные льготы (복지 혜택). В основном (원칙으로) он имеет 8-часовой рабочий день, и после того, как некоторые департаменты применили четырехдневную рабочую неделю (주 4 일제) в качестве пилотной программы (시범 적용), в 2020 году система начала применяться ко всем сотрудникам. Также после двух лет непрерывной работы (근속하다) помимо заработной платы выплачивается также 3 тыс-ячи евро (별도 지급하다). И, конечно же, зона отдыха: у компании есть инф-раструктура (시설) для комфортной работы всех сотрудников. Наприм-ер, сотрудники могут посещать фитнес-центр во время обеденного перерыва или нерабочего времени (업무 시간 외).

단어(Словари)

1과에서 배운 중요 단어 확인하기(Проверка основного словарного запаса из Главы 1)

Напишите правильное значение следующих слов.

1. 전공
2. 본사
3. 지사(지점)
4. 인사부(팀)
5. 총무부
6. 연봉
7. 복지
8. 급여
9. 근무 시간
10. 지원

Подберите слова с одинаковым значением.

1. Филиал   • 무역회사
2. Льготы / привелегии   • 문화원
3. Отдел зарубежных продаж   • 혜택
4. Торговая компания   • 항공료
5. Администрирование   • 숙박비
6. Культурный центр   • 근속
7. Стоимость проживания   • 유급
8. Стоимость авиабилета   • 지사
9. Непрерывная занятость   • 해외사업부
10. Платный   • 관리

문장(Приговор)

1과에서 배운 중요 문형 표현을 문장으로 쓰고 말하기
(Переведите предложения, используя речевые обороты, изученные в Главе 1.)

📄 Речевые обороты

1. Меня зовут Разиз.

_____

2. Моя специальность в университете P была корейская лингвистика.

_____

3. Какая у Вас была специальность в университете?

_____

4. Вы когда-нибудь работали в корейской компании?

_____

5. Как долго Вы работали в компании?

_____

6. Я хочу работать в административном отделе.

_____

7. Могу ли я спросить о привелегиях работников?

_____

8. Я хотел бы знать о политике отпусков компании.

_____

9. Сообщите, Если Вам понадобиться помощь.

_____

10. Могу ли я спросить о рабочих часах компании?

_____

Комплексная практика (종합 연습)

Наведение справок у компании по поводу размещения вакансии

Напишите подходящий речевой оборот в скобках.

회사: 안녕하세요? H회사입니다.

학생: 안녕하세요? 문의할 게 있어서 전화드렸습니다.

　　제 1. (＿＿＿＿＿＿). 이번에 2. (＿＿＿＿＿＿).

회사: 지원한 3. (＿＿＿＿＿＿).

학생: 제가 지원한 부서는 인사부입니다. 4. (＿＿＿＿＿＿)?

회사: 저희 회사는 주 40시간 근무를 하고 있습니다.

학생: 네, 알겠습니다. 5. (＿＿＿＿＿＿)?

회사: 네, 말씀하세요.

학생: 직원들을 위한 셔틀버스가 있습니까?

회사: 회사 셔틀버스는 없습니다.

　　하지만 숙소가 필요한 직원에게 회사 기숙사를 지원합니다.

학생: 네, 알겠습니다. 6. (＿＿＿＿＿＿)

Подсказка:

1. Меня зовут Ленар.

2. Я обратился в компанию Н.

3. Скажите мне отдел [в который Вы обратились].

4. Могу ли я спросить о рабочих часах компании?

5. Могу ли я задать еще один вопрос?

6. Спасибо за Ваше любезное объяснение.

Глава 02

Собеседование 면접

● ○ ○

자기 소개하고 면접 질문에 대답하기
Презентация о себе и ответы на вопросы

01. ~에 지원한 ~입니다. / Я ~ , подавший заявку по вакансии ~.

02. ~에 대해 말씀드리고 싶습니다. / Я хотел бы рассказать Вам о ~.

03. ~이/가 되고 싶습니다. / Я хочу стать ~.

04. 가장 큰 장점은 ~입니다. / Моя самая сильная сторона ~.

05. 제 목표는 ~것입니다. / Моя цель ~.

06. ~에서 일할 수 있는 기회가 주어진다면 최선을 다하겠습니다. /
Я буду стараться изо всех сил, как только мне предоставится
возможность работать в ~.

Речевой оборот для рассказа о себе и об отделе, в который Вы устраиваетесь.

 Практика речевого оборота

저는 인사부에 지원한 김영수입니다.
Я Ким Ёнгсу, который устраивается в отдел кадров.

저는 총무부에 지원한 시모나입니다.
Я Симона, которая устраивается в административный отдел.

저는 홍보부에 지원한 테레자입니다.
Я Тереза, которая устраивается в отдел по связям с общественностью.

저는 영업부에 지원한 라지즈입니다.
Я Разиз, который устраивается в отдел продаж.

저는 연구개발부에 지원한 탈리나입니다.
Я Талина, которая устраивается в отдел исследований и разработок.

 Практика Диалога

A: 자기 소개를 간단하게 해 보세요. | Пожалуйста, вкратце расскажите о себе.

B: 네, 저는 영업부에 지원한 라지즈입니다. |
Хорошо, я Разиз, который устраивается в отдел продаж.

A: 왜 영업부에 지원했습니까? | Почему вы хотите устроиться в отдел продаж?

B: 네, 저는 성격이 활발하고 사무실보다 밖에서 근무하는 것을 좋아합니다. |
Я активный человек, и мне нравится работать больше вне офиса, чем в
помещении.

Я ~ , подавший заявку по вакансии ~.

 **Шаг вперед**

한국회사에서 중요하게 생각하는 것은 부서원들 각자에게 주어진 역할이나 책임을 완수해 내는 능력뿐만 아니라 같이 일하는 동료들과의 원만한 인간 관계도 중요하게 생각한다. 그렇다면, 둘 중에 어느 쪽이 회사의 발전을 위하여 도움이 될 수 있을까? 역할과 책임을 다하는 능력일까? 아니면 진실되고 거짓 없이 동료들을 대하는 인간적인 면일까? 한국회사에서 잘 적응하고 성장하기 위해서는 본인이 맡은 직책뿐만 아니라 부서원들 사이의 관계나 인간적인 면도 중요하게 생각해야 할 것이다.

В корейской компании дружеские межличностные отношения (원만한 인간 관계) среди сотрудников так же важны, как способность (능력) выполнять свою роль (역할) и брать на себя ответственность (책임). Что же из этого больше поможет развитию компании (발전)? Это способность брать на себя ответственность и выполнять свою роль? Или человеческая сторона (인간적인 면), относящаяся к коллегам искренне (진실하게), без лжи? Чтобы адаптироваться (적응하다) и расти (성장하다) в корейской компании, хорошо помнить, что важны не только ваши обязанности, но также человеческая сторона или отношения между сотрудниками.

Речевой оборот для разговора на определенную тему во время собеседования.

Практика речевого оборота

경력에 대해(대하여) 말씀드리고 싶습니다. │
Я хотел бы рассказать Вам о моем опыте работы.

전공에 대해 말씀드리고 싶습니다. │
Я хотел бы рассказать Вам о моей специальности.

해외에서의 경험에 대해 말씀드리고 싶습니다. │
Я хотел бы рассказать Вам о моем зарубежном опыте.

저희 회사 제품에 대해 말씀드리고 싶습니다. │
Я хотел бы рассказать Вам о продукте нашей компании.

자신의 장점과 단점에 대해 말씀드리고 싶습니다. │
Я хотел бы рассказать Вам о моих сильных и слабых сторонах.

Практика Диалога

A: 직무와 관련하여 저의 경험에 대해 말씀드리고 싶습니다. │
   Я хотел бы рассказать Вам о моем опыте, связанном с моими обязанностями.
   저는 한국회사 인사부에서 3개월 동안 인턴십을 하고 성실하게 근무하였습니다. │
   Я усердно работал во время 3-х месячной стажировки в отделе кадров
   корейской компании.

B: 인사부에서 어떤 일을 했습니까? │
   Какую работу вы делали в отделе кадров?

A: 한국인 인사부 부장님의 업무 지시를 러시아 직원들에게 전달했습니다.

Я хотел бы рассказать Вам о ~.

그리고 주로 번역 일을 했습니다.

Я передавал российским сотрудникам рабочие инструкции корейского генерального менеджера по персоналу. Также я в основном занимался переводом.

 Шаг вперед

해외 법인 한국기업의 직원 구성은 보통 《주재원》, 《현지 직원(외국인)》, 《현지 채용 한국인 직원(현채 한국인이라고도 부름)》, 《본사 직원》 등으로 되어 있다. 일반적인 해외 법인 한국기업의 구조는 한국인이 법인장이고, 부서에서 의사 결정권을 가진 과장급 이상 의 주재원이 있다. 그리고 실무에서는 현지 외국인 직원과 현지 채용 한국인 직원으로 구 성되어 있다. 한국어와 영어를 잘 구사할 수 있는 경우에는 중간 관리자의 위치에서 주재 원과 현지 직원의 소통 및 생산 라인에서의 문제를 원활하게 풀 수 있도록 지원해 주는 역 할을 하는 경우가 많다.

Зарубежная дочерняя компания корейской корпорации обычно имеет следующие типы сотрудников: экспатриант (주재원), местный сотрудник (иностранец) (현지 직원 (외국인)), местный корейский сотрудник (현지 채용 한국인 직 원 или 현채 한국인) и сотрудник Головного офиса (본사 직원). Типичная организация будет состоять из корейского директора филиала, экспатриантов с должностью выше менеджера, которые имеют право принимать решения (의사 결정 권) в отделе, и местных иностранных сотрудников с местными корейскими сотрудниками на рабочем уровне. Те, кто владеет корейским и английским языками, часто играют роль (역할) в поддержке беспрепятственного решения проблем на производственной линии и в общении (소통) между местными и иностранцами сотрудниками в качестве управляющего посредника (중간 관리자).

Речевой оборот для рассказа о Ваших планах.

Практика речевого оборота

관리자가 되고 싶습니다. │ Я хочу стать администратором.

부서를 책임지는 부서장이 되고 싶습니다. │
Я хочу стать начальником отдела [который отвечает за отдел].

제가 희망하는 부서에서 리더가 되고 싶습니다. │
Я хочу стать руководителем отдела.

팀장이 되고 싶습니다. │ Я хочу стать лидером команды.

회사에서 중요한 책임을 맡을 수 있는 사람이 되고 싶습니다. │
Я хочу стать человеком, который может взять на себя основные обязанности в компании.

Практика Диалога

A: 당신은 10년 후에 우리회사에서 어떤 모습이겠습니까? │
Кем вы хотите стать в нашей компании через 10 лет?

B: 네, 저는 해외지사의 지사장이 되고 싶습니다. │
Я хочу стать руководителем зарубежного филиала.

A: 그러면, 많은 책임이 요구될 텐데요? │
Итак, это подразумевает, что от Вас будут требоваться многие обязанности, верно?

B: 저는 회사에서 책임을 가지고 성장하는 직원이 되고 싶습니다. │
Я хочу стать сотрудником, который растет и берет на себя обязанности в компании.

Я хочу стать ~.

Шаг вперед

일반적으로 한국회사는 회사의 규모에 따라 직급과 직책이 다르다. 직급은 회사 내에서의 직위를 말하는 것이고, 직책은 업무 상의 책임이나 담당하는 임무를 의미하는 것이다. 회사의 직급 순서는 직원과 임원으로 나눌 수 있다. 직원은 사원→대리→과장→차장→부장 (직책: 팀장→실장→본부장) 등으로 순서가 되어 있다. 임원은 이사→상무→전무→부사장→사장→부회장→회장 등으로 순서가 되어 있다. 보통 한국회사 해외법인의 대표는 '이사' 이상의 직위의 임원이 된다.

Обычно, в зависимости от размера (규모) компании, должности (직급) и служебное звание (직책) отличаются в корейской компании. Должность (직급) означает ранг в компании, служебное звание (직책) означает назначенные обязанности или работу. Должности можно разделить на сотрудников рабочего уровня (직원) и сотрудников уровня управления (임원). Иерархия сотрудников рабочего уровня представлена в порядке возрастания следующим образом: помощник (사원) → помощник руководителя (대리) → менеджер (과장) → старший менеджер (차장) → главный менеджер (부장) (служебное звание: руководитель группы (팀장) → руководитель отдела (실장) → начальник отдела (본부장)). Должности сотрудников уровня управления упорядочены следующим образом: директор (이사) → вице-президент (상무) → старший вице-президент (전무) → исполнительный вице-президент (부사장) → генеральный директор (사장) → вице-пре-дседатель (부회장) → председатель (회장). Обычно сотрудники уровня управления с должностью выше директора становятся представителями зарубежной дочерней компании корейской корпорации.

가장 큰 장점은 ~입니다.

Речевой оборот для рассказа о Ваших сильных сторонах.

Практика речевого оборота

저의 가장 큰 장점은 긍정적인 성격입니다.
Моя самая сильная сторона - это оптимизм.

저의 장점은 원만한 대인관계입니다.
Моя самая сильная сторона - дружеские межличностные отношения.

저의 장점은 성실함입니다. | Моя самая сильная сторона - честность.

저의 가장 큰 장점은 집중력입니다. | Моя самая сильная сторона - концентрация.

저의 가장 큰 장점은 좋은 성격입니다.
Моя самая сильная сторона - хороший характер.

Практика Диалога

A: 본인의 장점에 대해 말해 보세요.
    Пожалуйста, расскажите о своих сильных сторонах.

B: 네, 저의 가장 큰 장점은 긍정적인 성격입니다.
    Моя самая сильная сторона - это оптимизм.

A: 스트레스가 많거나 힘든 상황에서도 긍정적입니까?
    Вы оптимистичны в трудных или стрессовых ситуациях?

B: 네, 저는 어떤 상황에서도 긍정적으로 생각하는 편입니다.
    Да, я обычно настроен оптимистично в любой ситуации.

Моя самая сильная сторона ~.

 Шаг вперед

회사생활을 하면서 가장 힘들어하는 것은 무엇일까요? 대부분의 회사원들은 이렇게 이야기할 것이다. ≪일이 힘든 것이 아니라 사람과의 관계가 힘들다.≫ 일이 자기의 적성과 잘 맞아도 같이 일하는 사람이 불편할 경우에는 그 일이 힘들게 느껴진다. 부서나 팀에 좋아하는 동료만 있는 것이 아니기 때문에 항상 좋은 관계를 유지하기 위해 노력해야 한다. 예를 들면, 같이 근무하는 부서의 상사, 동료, 후배와 이야기할 때 주의 깊게 듣고 상대방의 입장을 이해하는 마음을 키워야 한다. 그리고 어려운 일이 생기면 혼자서 걱정하지 말고 동료나 상사에게 먼저 다가가 도움을 요청하는 것도 좋은 관계를 만드는 데에 도움일 될 것이다.

Что самое сложное в офисной жизни? Многие сотрудники ответили бы следующим образом: ≪Трудна не работа, а отношения (관계) с другими людьми≫. Даже если работа соответствует способности (적성), если работать с коллегами неудобно (불편하다), работа становится трудной. Поскольку обычно невозможно нравиться всем коллегам (동료) в отделе или команде, человеку всегда нужно прилагать усилия для поддержания хороших отношений. Например, человек должен внимательно прислушиваться к мнению старших (상사), коллег (동료) и младших (후배) и должен выработать привычку понимать позицию оппонента (상대방). Кроме того, в трудной ситуации вместо того, чтобы беспокоиться в одиночку, обращение к старшему или коллеге с просьбой о помощи поможет в установлении хороших отношений.

▶▶▶▶▶▶▶▶

Речевой оборот для рссказа о том, чего Вы хотите достичь в будущем.

 Практика речевого оборота

제 목표는 회사가 성장하는 데에 도움이 되는 것입니다.
Моя цель - помочь в развитии компании.

제 목표는 이 분야에서 전문가가 되는 것입니다.
Моя цель - стать специалистом в этой области.

제 목표는 이 분야에서 실력을 쌓는 것입니다.
Моя цель - накопить опыт в этой области.

제 목표는 한국에서 오래 근무하는 것입니다.
Моя цель - много лет работать в Корее.

 Практика Диалога

A: 앞으로 어떤 계획이 있습니까? │ Какие у Вас планы на будущее?

B: 실력을 쌓아서 빨리 진급하고 싶습니다.
    Я хочу накопить навыки и получить повышение в кратчайшие сроки.

A: 그럼, 본의의 최종 목표는 무엇인가요? │ Итак, какова ваша конечная цель?

B: 한국의 좋은 제품을 세계에 알리는 전문가가 되는 것입니다.
    Стать специалистом по продвижению хороших корейских продуктов в мире.

Моя цель ~.

 Шаг вперед

회사마다 다르지만 일반적으로 승진 기간은 비슷하다. 사원에서 대리로 승진하기 위해서
는 보통 4년의 기간이, 대리에서 과장으로 승진하기 위해서 4년의 기간이, 과장에서 차장
으로 승진하기 위해서 5년의 기간이, 그리고 차장에서 부장으로 승진하기 위해서는 보통 5
년의 기간이 필요하다. 하지만 요즘에는 맡은 직위에 따라, 그리고 성과에 따라 승진 기간
이 더 짧아지거나 길어지는 경우가 많다. 따라서 과장에서 부장으로 승진하기 위해서 10
년 이상의 승진 기간이 필요할 수도 있다.

Это может отличаться от компании к компании, но обычно период до того,
как кто-либо получает повышение (승진 기간, буквально: период продвижения по
службе), но за частую схож. Период от помощника до помощника менеджера
обычно занимает 4 года, от помощника менеджера до менеджера: 4 года,
от менеджера до старшего менеджера: 5 лет и от старшего менеджера до
генерального менеджера: 5 лет. Однако в эти дни, в зависимости от ранга (직위)
или результатов работы (성과), период может быть сокращен или продлен. Так
что продвижение от менедже-ра к генеральному директору может занять более
10 лет.

Речевой оборот для разъяснения Ваших устремлений.

 Практика речевого оборота

A회사에서 일할 수 있는 기회가 주어진다면 최선을 다하겠습니다. |
Я буду стараться изо всех сил, как только мне предоставится возможность работать в компании A.

B회사에서 일할 수 있다면 모든 노력을 다하겠습니다. |
Я приложил бы все усилия, если бы работал в компании B.

C회사에서 일할 수 있다면 저의 모든 열정을 보여드리겠습니다. |
Я покажу весь свой энтузиазм, если я буду работать в компании C.

D회사에서 일할 수 있는 기회를 주신다면 최선을 다해 일하겠습니다. |
Я буду стараться изо всех сил, как только мне предоставится возможность работать в компании D.

 Практика Диалога

A: 오늘 면접을 보느라고 고생하셨습니다. |
　Вы хорошо постарались на собеседовании.

B: 저에게 면접 기회를 주셔서 고맙습니다. |
　Спасибо, что дали мне возможность пройти собеседование.

C: 끝으로 하고 싶은 말이 있습니까? |
　Вы хотите сказать что-нибудь в завершении?

D: 저에게 A회사에서 일할 수 있는 기회가 주어진다면 앞으로 최선을 다하겠습니다. |
　Я буду стараться изо всех сил, как только у меня будет возможность работать в компании A.

Шаг вперед

한국기업과 비즈니스 한국어학과 간의 학점 인정 인턴십 프로그램을 진행하였고 인턴십 프로그램을 처음으로 경험한 전공 학생과 한국회사에 대하여 느낀 점을 이야기했다. 현지 직원들은 회사 보다는 가족을 위한 시간과 개인을 위한 시간을 우선하지만 집에도 거의 들어가지 않고 일을 하는 한국 직원들의 모습을 보면서 한국 직원들은 회사를 최우선으로 생각하는 것으로 느꼈다고 한다. 한국인의 근면성이 한국기업의 빠른 성장에 밑거름이 되었지만 해외에서의 근무환경을 고려해 보면 외국 직원들이 이해하기 어려운 한국기업의 직장문화 중에 하나일 것이다.

Один студент, который специализировался (전공하다) на изучении делового корейскоого языка (비즈니스한국어학과) и впервые прошел тренинговую (경험하다) программу стажировок, организованную между корейской компанией и его отделом, поделился своим впечатлением о корейской компании. Видя, как корейские служащие, хотя и отдают предпочтение (우선하다) личному (개인) и семейному времени, усердно работают и почти не уходят домой, он почувствовал, что корейские работники ставят компанию на первое место. Трудолюбие и усердный труд корейцев стали предпосылкой (밑거름) для быстрого роста (성장) корейских компаний, однако, если мы примем во внимание рабочую среду (근무) за рубежом, это может быть некоторыми характеристиками корейской рабочей культуры (직장 문화), что трудно понять иностранным сотрудникам.

단어(Словари)

2과에서 배운 중요 단어 확인하기(Проверка основного словарного запаса из Главы 2)

Напишите правильное значение следующих слов.

1. 지원하다 _____
2. 역할 _____
3. 책임 _____
4. 경력 _____
5. 제품 _____
6. 경험 _____
7. 장점 _____
8. 관리자 _____
9. 전문가 _____
10. 최선 _____

Подберите слова с одинаковым значением.

1. продвижение   • 기회
2. атмосфера   • 의견
3. цель   • 분위기
4. концентрация   • 기간
5. начальник отдела   • 승진(진급)
6. мнение   • 목표
7. период   • 긍정적
8. слабость / недостаток   • 집중력
9. шанс / возможность   • 부서장
10. оптимистичный   • 단점

2과에서 배운 중요 문형 표현을 문장으로 쓰고 말하기

(Переведите предложения, используя речевые обороты, изученные в Главе 2.)

📄 Речевые обороты

1. Я Разиз, который устраивается в отдел продаж.
   _____

2. Я хочу стать ответственным за отдел.
   _____

3. Какова Ваша конечная цель?
   _____

4. Какую работу Вы бы хотели выполнять в нашем отделе?
   _____

5. Я хочу стать менеджером, ответственным за отдел.
   _____

6. Моя самая сильная сторона - оптимизм.
   _____

7. Моя цель - стать специалистом в этой области.
   _____

8. Какие у Вас планы на будущее?
   _____

9. Спасибо за предоставленную мне возможность пройти собеседование.
   _____

10. Я буду стараться изо всех сил, как только у меня будет возможность работать
    в компании А.
    _____

Комплексная практика (종합 연습)

▶▶▶▶▶▶▶▶

Собеседование

Напишите подходящий речевой оборот в скобках.

지원자: 안녕하세요? 1. (_____).

면접관: 2. (_____)?

지원자: 네, 저는 B대학에서 비즈니스 한국어학을 전공했습니다.

면접관: 3. (_____)?

지원자: 대학에서 비즈니스 한국어학을 공부하면서 관심을 갖게 되었습니다.
　　　　그리고 회사가 고향에서 가까워서 지원하게 되었습니다.

면접관: 4. (_____)?

지원자: 네, 인턴십프로그램으로 3개월 동안 H회사 인사부에서 일했습니다.

면접관: 자신의 5. (_____).

지원자: 많은 사람들과 잘 어울리고 성격이 활동적입니다.

면접관: 네, 알겠습니다. 마지막으로 하고 싶은 말이 있습니까?

지원자: A회사에서 6. (_____).

Подсказка:

1. Я Моника, которая устраивается в отдел продаж.

2. Какая у Вас специальность?

3. Какова Ваша мотивация обращения в Компанию А?

4. У Вас есть опыт работы в корейской компании?

5. Расскажите о своих сильных сторонах.

6. Я буду стараться изо всех сил, как только у меня будет возможность работать

Глава 03

Рабочие часы 업무 시간

● ○ ○

업무 일과, 조퇴, 결근
Начало и конец рабочего дня, уход раньше времени и прогул

01. 근무시간은 ~부터 ~까지입니다. / Рабочие часы с ~ до ~.

02. 실례지만, ~때문에 먼저 퇴근하겠습니다. /
Извините. Я вынужден уйти первым из-за ~.

03. ~(으)니까 좀 일찍 출근해야 할까요? /
Должен ли я прийти на работу раньше из-за ~?

04. ~아/어/여서 결근했습니다. / Я отсутсвовал по причине ~.

05. ~아/어/여서 죄송합니다. / Прошу прощения / Извините за ~.

Часы работы компании

Практика речевого оборота

생산부 근무시간은 오전 7시부터 오후 3시까지입니다.
Время работы производственного отдела с 7 до 15 часов.

영업부 근무시간은 오전 9시부터 오후 5시까지입니다.
Время работы отдела продаж с 9 до 17 часов.

회사 업무시간은 오전 8시부터 오후 6시까지입니다.
Время работы компании с 8 до 18 часов.

구내식당 업무시간은 오전 10부터 오후 8시까지입니다.
Время работы кафетерия с 10 до 20 часов.

Практика Диалога

A: 근무시간은 보통 어떻게 됩니까? | Какое обычно рабочее время?

B: 네, 저희 영업부는 보통 오전 9시부터 오후 5시까지 일을 합니다. |
Наш отдел продаж обычно работает с 9 утра до 5 вечера.

A: 일이 많을 때는 어떻게 합니까? | Что Вы делаете, когда у вас много работы?

B: 일이 많은 날에는 더 늦게 퇴근합니다. 하지만 연장근무 수당을 받습니다. |
В те дни, когда работы много, мы возвращаемся домой поздно. Однако мы
получаем дополнительную оплату за сверхурочную работу.

Рабочие часы с ~ до ~.

 Шаг вперед

한국회사에서 연장 근무를 하는 경우는 크게 두 가지가 있다. 부서에서 해야 할 급한 일이 생긴 경우나 직장 상사가 퇴근하라는 말 없이 퇴근을 하고 있지 않은 경우이다. 보통 두 번째의 경우는 직급이 낮거나 승진이 얼마 남지 않은 경우로 직장 상사의 눈치를 보기 때문이다. 외국 회사의 경우를 보면 첫 번째의 상황처럼, 급한 업무가 있는 경우 외에는 연장 근무를 하는 경우는 거의 없다. 그것도 급한 업무가 생기면 보통 책임자가 일의 중요성을 자세히 설명하고 직접 연장 업무를 부탁한다. 이것은 외국 회사의 근무 문화와도 관련이 있다. 한국 회사에서는 모든 부서에서 업무를 빠르게 마무리하는 것을 중요하게 여기기 때문에 연장 근무도 당연하게 생각하는 경향이 있다.

В корейской компании есть два типа сверхурочной работы (연장근무). Первый - это когда действительно срочная работа, а второй - когда не едешь домой, потому что старший не говорит идти домой. Второй случай связан с работниками с низкой должностью или работниками, которые недавно были повышены (승진), поэтому они действуют осторожно (눈치를 보다). Что касается иностранных компаний, обычно почти никто не работает сверхурочно, за исключением первого случая, когда есть срочная (급한) работа. И даже в этом случае ответственное лицо подробно объяснит (자세히) важность работы и прямо попросит работать сверхурочно. Это также связано с культурой работы иностранных компаний. Во всех отделах корейских компаний, считается важным выполнить (마무리하다) задание оперативно.

Речевой оборот для ситуации, когда необходимо уйти с работы первым.

 Практика речевого оборота

실례지만, 내일 출장 때문에 먼저 퇴근하겠습니다.
Извините. Я вынужден уйти первым из-за завтрашней командировки.

실례지만, A회사 담당자와 회의 때문에 먼저 퇴근하겠습니다.
Извините. Я вынужден уйти первым в связи со встречей с компанией А.

거래처 일 때문에 먼저 퇴근하겠습니다.
Извините. Я вынужден уйти первым из-за встречи с клиентом.

공항에 배웅을 가야하기 때문에 먼저 퇴근하겠습니다.
Извините. Я вынужден уйти первым, чтобы встретить человека в аэропорту.

 Практика Диалога

A: 화요일까지 이 일을 마무리해 주세요. │ Завершите эту работу до вторника.

B: 과장님, 수요일까지 끝내면 안 될까요? │
　Менеджер, могу ли я закончить до среды?

A: 무슨 일이 있습니까? │ В чем сложность?

B: 네, 화요일에 부장님과 대전 지사에 가기로 하였습니다. 늦어도 수요일까지 마무리하겠습니다. │
　Во вторник генеральный директор и я собираемся в филиал в Тэджоне. Я закончу не позднее среды.

A: 네, 그렇게 해 주세요. │ Хорошо, сделай так.

Извините. Я вынужден уйти первым из-за ~

В: 그럼, 내일 출장 때문에 먼저 퇴근하겠습니다.
  Тогда я уйду первым из-за завтрашней командировки.

Шаг вперед

한국 회사에서 퇴근할 때 많이 사용하는 표현 중에는 《수고하십시오(수고하세요)》, 《고생하십시오(고생하세요)》, 《애쓰십시오(애쓰세요)》 표현을 자주 사용한다. 이 표현들은 직급이 낮은 사람이 직급이 높은 사람에게 사용하면 안 되는 표현들이다. 다시 말하면, 아랫사람이 윗사람에게 사용하면 안 되는 말들이고 윗사람이 아랫사람에게 보통 하는 표현들이다. 바른 표현으로는 《먼저 퇴근하겠습니다》, 《먼저 집으로 들어가겠습니다》, 《내일 뵙겠습니다》 등을 사용하는 것이 좋다.

В корейских компаниях при выходе из офиса довольно часто используются следующие фразы: 《수고하십시오 (수고하세요)》, 《고생하십시오 (고생하세요)》, 《애쓰십시오 (애쓰세요)》, которые имеют более или менее похожее значение : 《Прикладывать усилия》. Однако эти фразы не могут использоваться сотрудниками низкого ранга для сотрудников высокого ранга. Другими словами, только старшие могут использовать эти фразы своим подчиненным. Поэтому наиболее подходящими фразами, которые нужно сказать при выходе из офиса, будут: 《먼저 퇴근 하겠습니다》 (《Я ухожу первым》), 《먼저 집으로 들어가겠습니다》 (《Я пойду домой первым》), 《내일 뵙겠습니다》 (《Увидимся завтра》).

Речевой оборот для ситуации, когда необходимо прийти на работу раньше времени

Практика речевого оборота

아침에 중요한 회의가 있으니까 좀 일찍 출근해야 할까요?
Должен ли я прийти на работу рано из-за важной встречи завтра утром?

내일 6시에 출발하니까 일찍 출근해야 할까요?
Должен ли я прийти на работу рано, потому что завтра нам нужно уехать в 6 часов?

오전에 부장님 면담이 있으니까 일찍 출근해야 할까요?
Должен ли я прийти на работу рано из-за запланированной консультации с генеральным менеджером завтра утром?

아침에 중요한 바이어가 오니까 일찍 출근해야 할까요?
Должен ли я прийти на работу рано, потому что важный покупатель приедет завтра утром?

Практика Диалога

A: 김 대리님, 내일 회의에는 부장님도 참석하시나요?
Помощник менеджера Ким, будет ли генеральный менеджер присутствовать на завтрашнем собрании?

B: 네, 부서의 모든 직원이 참석할 거예요.
Да, все сотрудники отдела будут присутствовать.

A: 그러면, 회의 준비를 잘해야겠네요. 중요한 회의이니까 내일은 좀 일찍 출근해야 할까요?
Тогда я должен хорошо подготовиться. Должен ли я прийти на работу завтра

Должен ли я прийти на работу раньше из-за ~?

рано из-за важной встречи?

B: 네, 처음 참석하는 회의니까 좀 일찍 출근하세요.

Да, так как это первое собрание, которое вы посещаете, придите на работу пораньше.

A: 네, 알겠습니다 | Да, понял.

 Шаг вперед

회의는 보통 부서의 구성원들이 토론하고 아이디어를 이야기하기 위하여 하게 된다. 회의를 하기 전에 반드시 읽고 준비하여야 할 것이 회의운영계획서(Agenda, 의제)이다. 회의운영계획서를 보면, 회의 목적, 목표, 그리고 회의 주제를 알 수 있다. 또한 회의 참석자 수와, 회의 장소, 일시를 알 수 있다. 회의운영계획서가 보다 중요한 것은 회의 의제마다 누가 발표를 할 것이며, 발표 시간은 어느 정도 될 것인지 예상할 수 있기 때문에 회의를 효과적으로 설계하는 데에 필요하다.

Собрания проводятся для сотрудников отдела, чтобы выразить свои идеи и провести обсуждения (토론). Перед собранием необходимо подготовить и прочитать что на повестке дня (회의운영 계획서, 의제). Повестка дня собрания содержит информацию о цели собрания (목적), целях (목표) и теме (주제). Также есть количество участников, место встречи и время. Более важно то, кто будет проводить презентацию по каждому вопросу повестки дня, оценка (예상하다) времени для каждой презентации может помочь в планировании эффективной встречи.

Речевой оборот для объяснения причины отсутствия

 Практика речевого оборота

어제 갑자기 교통사고가 나서 **결근했습니다**.
Я отсутствовал из-за внезапной автомобильной аварии вчера.

갑자기 팔을 다쳐서 **결근했습니다**
Я отсутствовал, потому что внезапно повредил руку.

집안에 급한 일이 생겨서 **결근했습니다**.
Я отсутствовал, потому что появились срочные дела дома.

어제 친척 분이 갑자기 돌아가셔서 **결근했습니다**.
Я отсутствовал, потому что один из родственников внезапно скончался вчера.

 Практика Диалога

가: 김 주임, 어제 왜 **결근했습니까**?
　　Старший специалист Ким, почему Вы вчера отсутствовали?

나: 회사에 출근하다가 갑자기 교통사고가 나서 **결근했습니다**.
　　Я отсутствовал из-за внезапной автомобильной аварии по дороге в офис.

가: 부장님께 보고드렸습니까? Вы доложили генеральному менеджеру?

나: 네, 사고가 난 후에 바로 보고드렸습니다. Да, я сообщил сразу после аварии.

Я отсутсвовал по причине ~.

 Шаг вперед

한국의 한 취업사이트(사람인)에서 한국 직장인 1892명을 대상으로 ≪거짓말이나 핑계를 대고 출근하지 않은 경험≫에 대하여 설문조사를 하였다. 그 결과는 보면, 가장 많이 결근한 이유는 ≪그냥 쉬고 싶어서≫가 54.3%로 많았다. 그리고 ≪이직 관련 일정이 있어서≫ 결근한 경우는 35.6%로 다음으로 많은 직장인이 응답하였다. 그 외에도 ≪갑자기 급한 일이 생겨서≫, ≪여행을 가기 위해서≫, ≪회의에 참석하기 싫어서≫ 등 다양한 대답이 있었다. OECD(Organization for Economic Co-operation and Development) 국가 중에서 근무시간이 가장 많은 나라는 한국이다. 아마도 과도한 업무 때문에 이와 같은 대답을 하였을 것이라고 추정해 볼 수 있다.

Один из корейских сайтов по трудоустройству (Saramin) провел опрос (설문조사) среди 1892 корейских сотрудников об опыте не ходить на работу по какой-либо фальшивой причине или под предлогом. В результате основной причиной отсутствия (결근) было ≪просто хочу отдохнуть≫ с 54,3% респондентов. Следующим наиболее популярным ответом 35,6% респондентов было: ≪У меня были встречи, связанные со сменой работы≫. Помимо вышеизложенного, были разные ответы, такие как: ≪потому что что-то срочное возникло≫, ≪из-за поездки≫, ≪потому что я не хотел участвовать в собрании≫. Корея является страной с самым длинным рабочим временем (근무 시간) среди стран ОЭСР (Организации экономического сотрудничества и развития). Можно предположить, что, вероятно, вышеупомянутые результаты опроса связаны с чрезмерной работой (과도한 업무).

05 ~아/어/여서 죄송합니다.

▶▶▶▶▶▶▶▶▶

Речевой оборот для извинения за ошибку или неправильное действие

 Практика речевого оборота

회의에 늦어서 **죄송합니다.** | Извините за опоздание на встречу.

보고서가 늦어져서 **죄송합니다.** | Извините за опоздание с отчетом.

제품 배송이 늦어져서 **죄송합니다.** | Извините за позднюю доставку товара.

서비스 이용에 불편을 드려서 **죄송합니다.** |
Извините за причиненные неудобства при использовании сервиса.

 Практика Диалога

A: 김 주임, 지난주에 말한 보고서는 다 끝났어요? |
Старший помощник Ким, Вы закончили доклад, который я просил на прошлой неделе?

B: 아직 작성하지 못했습니다. 보고서가 늦어져서 죄송합니다. |
Я еще не написал его. Извините за опоздание с отчетом.

A: 이번주 목요일까지는 끝내야 합니다. | Вы должны закончить до этого четверга.

B: 네, 늦어도 목요일까지는 마치도록 하겠습니다. |
Да, я закончу не позднее четверга.

Прошу прощения / Извините за ~.

Шаг вперед

신입사원이 자주 하게 되는 말은 ≪죄송합니다≫이다. 낯선 환경에서 처음으로 만난 직원들과 새로운 일을 시작하게 되면 누구나 실수를 하게 된다. 예를 들면, 거래처에서 온 전화를 받을 때, 업무 보고, 회의 준비할 때 등 회사 업무를 잘 파악하기 전까지는 자주 실수를 하게 된다. 사람은 누구나 처음부터 완벽해질 수는 없다. 자신의 부족한 부분을 찾아 채우면서 나아가는 것이다. 따라서 실수를 했을 경우에는 바로 보고하고 책임자에게 도움을 요청하는 것이 좋다. 그리고 같은 실수를 다시 하지 않도록 본인만의 방법을 찾는 것도 중요할 것이다.

Одна из наиболее часто произносимых фраз новых сотрудников - ≪Извините≫. Любой может совершить ошибку (실수), начиная новую работу с новыми сотрудниками, которые впервые встречаются в незнакомой среде. Например, до полного понимания бизнеса компании, ошибки могут повторяться при получении звонка от клиента (거래처), при составлении отчетов и при подготовке к встрече. Ни один человек не может работать идеально (완벽하다) с самого начала. Нужно постоянно искать свои недостатки и улучшать их. Поэтому в случае ошибки рекомендуется сразу же сообщить об этом ответственному лицу и попросить о помощи. Также важно найти свой собственный способ не повторять ту же ошибку снова.

단어(Словари)

▶▶▶▶▶▶▶▶▶

3과에서 배운 중요 단어 확인하기(Проверка основного словарного запаса из Главы 3.)

📝 Напишите правильное значение следующих слов.

1. 수당 _____
2. 승진 _____
3. 연장근무 _____
4. 출장 _____
5. 거래처 _____
6. 배웅 _____
7. 참석 _____
8. 교통사고 _____
9. 죽다 (돌아가시다) _____
10. 보고 _____

📝 Подберите слова с одинаковым значением.

1. Что-то с   • 핑계
2. Отчет   • 품
3. Клиент   • 보고서
4. Повестка дня   • 배송
5. Разговор (лицом к лицу)   • 작성
6. Продукт   • 거래처
7. Написание   • 결근
8. Отсутствие (на работе)   • 급한 일
9. Отговорка / предлог   • 의제
10. Отправка [товара]   • 면담

3과에서 배운 중요 문형 표현을 문장으로 쓰고 말하기

(Переведите предложения, используя речевые обороты, изученные в Главе 3)

📃 Речевые обороты

1. Время работы отдела продаж с 9 до 17 часов.

2. Что Вы делаете, когда у вас много работы?

3. Извините. Я уеду первым из-за завтрашней командировки.

4. Пожалуйста, завершите эту работу до вторника.

5. Завтра утром состоится важная встреча, поэтому, пожалуйста, придите на работу пораньше.

6. Все сотрудники отдела будут присутствовать на собрании.

7. Я вчера отсутствовал из-за внезапной автомобильной аварии.

8. Почему Вы вчера отсутствовали?

9. Извините за опоздание с отчетом.

10. Я подготовлю отчет не позднее четверга.

Встреча (собрание)

✍ Напишите подходящий речевой оборот в скобках.

대리: 내일 아침에 1. (_____).

신입사원: 네, 알겠습니다. 그런데 몇 시까지 출근해야 할까요?

대리: 2. (_____).

신입사원: 네, 알겠습니다.

(다음 날)

신입사원: 3. (_____).

대리: 왜 늦었습니까?

신입사원: 4. (_____).

대리: 다치지 않았어요?

신입사원: 네, 괜찮습니다. 앞에 차가 교통사고가 나서 저는 다치지 않았습니다.

대리: 그럼, 빨리 회의 준비합시다.

Подсказка:

1. Будет важная встреча, поэтому придите на работу пораньше

2. Так как Вам нужно подготовиться к встрече, Вы должны прийти до 8 утра.

3. Я прошу прощения за опоздание.

4. Я опоздал из-за внезапной автомобильной аварии.

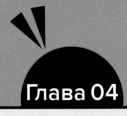

Глава 04
Использование офисного оборудования
사무실 기기 사용

● ○ ○

회의 자료 출력하기, 기기 사용 질문하기
Распечатка материалов и использование офисного
оборудования

01. ~을/를 출력해도 될까요? / Могу ли я распечатать ~?

02. 중요한 ~(으)니까 ~(으)세요. / Пожалуйста, выполни ~ потому что ~.

03. ~은/는 어디에 있습니까? / Где находится ~?

04. ~ 사용하는 방법을 가르쳐 주세요. /
Покажите, пожалуйста, как использовать ~.

05. ~에 감사드립니다. / Спасибо за ~.

01 ~을/를 출력해도 될까요?

▶▶▶▶▶▶▶▶▶

Речевой оборот для получения разрешения на распечатку материалов к собранию и рабочих отчетов

Практика речевого оборота

이 자료를 출력해도 될까요? | Могу ли я распечатать этот материал?

10부를 출력해도 될까요? | Могу ли я распечатать 10 копий?

오후까지 회의 자료를 출력해도 될까요? |
Могу ли я распечатать материалы для встречи к полудню?

회의 계획서를 출력해도 될까요? |
Могу ли я распечатать повестку дня собрания?

Практика Диалога

A: 회의 준비는 잘 했어요? | Вы хорошо подготовились к встрече?

B: 네, 열심히 준비하고 있습니다. 회의 참가자가 모두 몇 명인지 아세요? |
Да, я усердно готовлюсь. Вы знаете, сколько людей будет участвовать?

A: 부장님 포함해서 8명입니다. |
Там будет 8 человек, включая генерального менеджера.

B: 그럼, 충분하게 회의 자료 10부를 출력해도 될까요? |
Тогда можно ли распечатать 10 копий материала?

A: 네, 그 정도면 충분할 거예요. | Да, этого будет достаточно.

Могу ли я распечатать ~?

 Шаг вперед

보통 회의 일주일 전에 직장 상사가 회의 주제를 말해 준다. 그러면 회의 주제와 관련하여 어떤 자료가 필요한지 확인하고 회의에 필요한 참고 자료나 발표 자료를 준비해 두는 것이 필요하다. 이런 준비를 하게 되면 회의 내용을 이해하는 데에 도움이 될 것이다. 그리고 회의 자료를 출력할 때는 보통 흑백으로 출력을 하며, 양면으로 자료를 출력하는 것이 좋다. 그리고 발표를 하게 될 경우에는 여러 페이지로 종이 한 장에 출력하여 발표화면에 간결하게 제시하는 것이 필요하다.

Обычно старший сотрудник рассказывает о теме встречи за неделю. Затем важно проверить, какая информация необходима для обсуждения темы, и подготовить презентационный материал (발표 자료) или справочный материал (참고 자료). Такая подготовка поможет понять содержание встречи. Также материалы собрания обычно печатаются черно-белыми, и желательно печатать (출력하다) на обеих сторонах листа. Кроме того, в случае презентации, материал, который обычно на нескольких страницах, необходимо обобщить вкратце (간결하게), распечатать на одной странице и представить (제시하다) в верхней части экрана презентации.

Речевой оборот для просьбы с объяснением причины

 Практика речевого оборота

중요한 회의가 있으니까 모두 참석하세요.
Пожалуйста, примите участие все, потому что встреча важна.

거래처에서 중요한 손님이 오니까 일찍 출근하세요.
Пожалуйста, придите на работу пораньше, потому что приедет важный гость из компании-клиента.

중요한 내용이니까 부장님에게 바로 보고하세요.
Пожалуйста, сообщите генеральному директору прямо сейчас, потому что это важный вопрос.

중요한 내용이니까 회의에 참석하지 않은 사람에게도 보내세요.
Пожалуйста, отправьте это людям, которые не участвовали во встрече, потому что это важный вопрос.

 Практика Диалога

A: 이 보고서는 언제까지 제출해야 하나요? | До какого времени я должен представить этот отчет?

B: 중요한 보고서이니까 내일까지 제출하세요.
Пожалуйста, отправьте его до завтра, потому что это важный отчет.

A: 부장님에게 드리면 됩니까?
Могу ли я представить это генеральному менеджеру?

B: 먼저 김 과장님에게 드려서 내용을 확인하세요.
Сначала отправьте менеджеру Киму и проверьте его содержимое.

Пожалуйста, выполни ~ потому что ~.

 Шаг вперед

한국기업과 해외 외국기업과의 기업 문화를 비교할 때 가장 큰 차이점은 아마도 《결재 문화》일 것이다. 도장이 찍히는 결재 양식을 사용하는 나라는 많지 않다. 일반적인 결재 순서는 실무자 → 과장 → 팀장 → 부서장 → 임원 순서로 결재판을 들고 서명이나 도장을 받기 위해서 순서를 기다려야 한다. 반면에 해외 외국기업에서는 대부분의 의사결정을 전자 시스템으로 《이메일 보고 → 부서(팀) 게시판 확인 → 부서 담당자 결재》 순서로 이루어진다. 요즘 한국기업에서도 《전자 결재》를 사용하는 기업이 점차 늘고 있다. 전자 결재 방식은 결재자가 부재 중일 때도 문제가 없으며, 결재자의 서명을 직접 받기 위해서 기다릴 필요가 없다.

Вероятно, основное различие между корпоративными культурами корейских компаний и иностранных компаний заключается в «культуре авторизации». Существует не так много стран, которые используют специальные форматы для получения разрешения, ставя печать. Обычно разрешение принимается в следующем порядке: ответственное лицо (실무자) → менеджер (과장) → руководитель группы (팀장) → начальник отдела (부서장) → должностное лицо руководящего уровня (임원). Традиционным способом является ожидание подписи или печати на документе с папкой на подпись. Между тем, в иностранной компании большинство решений принимаются через электронную систему: доклад по электронной почте → уведомление на электронной доске объявлений → одобрение главы отдела. В эти дни в Корее также постепенно увеличивается количество компаний, использующих электронную авторизацию (전자 결재). С электронной системой нет проблем, если человек, который должен дать авторизацию, отсутствует, и нет возможности ждать, пока человек получит подпись.

~은/는 어디에 있습니까?

Речевой оборот для получения нужной информации

 Практика речевого оборота

세미나실은 어디에 있습니까? │ Где находится комната для семинаров?

다용도실(탕비실)은 어디에 있습니까? │
Где находится многофункциональная комната (офисная кухня)?

비서실은 어디에 있습니까? │ Где находится офис секретаря?

홍보실은 어디에 있습니까? │
Где находится отдел по связям с общественностью?

구내 식당은 어디에 있습니까? │ Где находится кафетерий?

 Практика Диалога

A: 커피 한잔 하려고 합니다. 다용도실은 어디에 있습니까? │
   Я хотел бы чашку кофе. Где находится офисная кухня?

B: 2층에 있습니다. │ На втором этаже.

A: 김 대리님도 커피 한잔 하시겠어요? │
   Помощник менеджера Ким, не желаете ли чашку кофе?

B: 네, 같이 가시죠. │ Да, пойдем вместе.

Где находится ~?

 Шаг вперед

회사마다 직원들을 위한 탕비실(湯沸室)이 있다. 탕비실의 의미는 《사무실에서 물을 끓이
거나 그릇을 씻을 수 있게 마련된 작은 방》을 말한다. 하지만 최근에는 탕비실이 회사의
분위기를 결정하는 중요한 장소로 여겨진다. 그 주된 이유는, 차를 마시거나 과자를 먹으
면서 부서원들 간의 소통을 위한 장소가 되었기 때문이다. 탕비실은 일본식 한자어에서 온
말이다. 그러므로 탕비실이라는 단어 보다는 《다용도실》, 또는 《준비실》이라고 사용
하는 것이 맞다.

В офисе каждой компании есть офисная кухня (탕비실, 湯沸室) для своих
сотрудников. Значение 《탕비실》 означает 《маленькая комната для кипячения
воды или мытья посуды》. Однако в настоящее время считается, что это
пространство играет важную роль в создании атмосферы в офисе. Основная
причина в том, что эта комната стала местом общения сотрудников за чашкой
чая с печеньем. Слово 《탕비실》 происходит от японских символов, поэтому
правильно использовать такие слова, как 《다용도실》 (многоцелевая комната) или
《준비실》 (комната подготовки), а не 《탕비실》.

Речевой оборот для вопроса о том, как пользоваться техникой.

Практика речевого оборота

복사기 사용하는 방법을 가르쳐 주세요.
Пожалуйста, покажите, как использовать ксерокс.

게시판 사용하는 방법을 가르쳐 주세요.
Пожалуйста, покажите, как использовать доску объявлений.

회사 공지 프로그램 사용하는 방법을 가르쳐 주세요.
Пожалуйста, покажите, как использовать программу уведомлений компании.

파쇄기 사용하는 방법을 가르쳐 주세요.
Пожалуйста, покажите, как использовать шредер.

Практика Диалога

A: 회의 주제를 게시판에 공지해야 하는데요. 회사 게시판 사용하는 방법을 가르쳐 주세요.
Мне нужно уведомить о теме встречи через доску объявлений. Пожалуйста, покажите, как использовать доску объявлений компании.

B: 부서원 모두에게 알려야 하나요?
Нужно ли уведомлять всех сотрудников отдела?

A: 네, 김 과장님이 부서원 모두에게 알리라고 하셨습니다.
Да, помощник руководителя Ким сказал уведомить всех сотрудников отдела.

B: 그럼, 우선 회사원 ID로 로그인해 보세요.
Для начала зарегистрируйтесь при помощи ID сотрудника.

Шаг вперед

한국 군대에서는 직책 상 입대한 순서에 따라 ≪선임≫과 ≪후임≫으로 부른다. 그리고 군 생활에서는 선임을 ≪사수≫, 후임을 ≪부사수≫라고 부른다. 그리고 이러한 호칭은 한국 회사에서 신입사원에게 업무를 가르쳐주는 선배 직원을 부르는 말로 ≪사수≫를 사용한다. 사수의 의미는 회사 업무를 가르쳐주고 조언과 도움을 주는 멘토(mentor)와 같은 의미로 사용이 되는 것이다. 한국에서 인기 있었던 드라마 ≪미생≫에서 다음과 같이 말한 장면이 있다. ≪장그래 씨, 신중한 사수와 성실한 후임이 있는 그런 곳에 가야 합니다.≫

В корейской армии солдаты называются ≪선임≫ (старший) или ≪후임≫ (младший) в соответствии с порядком призыва на должность. Также в армии другое слово для ≪선임≫ - ≪사수≫ (меткий стрелок), а для 후임 - 부사수 (вице-меткий стрелок). Этот словарь стал использоваться в корейской офисной жизни, например, слово ≪사수≫ используется для обозначения старшего сотрудника, который преподает работу новичку. Таким образом, слово ≪사수≫ приобрело новое значение наставника, который помогает и дает советы по работе(조언과 도움을 주는). В одной популярной корейской драме ≪Misaeng: Incomplete Life≫ была сцена со следующей фразой: ≪장그래 씨, 신중한 사수와 성실한 후임이 있는 그런 곳에 가야 합니다.≫ ≪Мистер Гы-Ре Джанг, Вам нужно пойти в место, где есть благоразумный старший сотрудник и верный младший сотрудник.≫

Речевой оборот для благодарности

 Практика речевого оборота

회사 안내에 감사드립니다. │ Спасибо за экскурсию по офису.

이메일 회신에 감사드립니다. │ Спасибо за ответ по электронной почте.

친절에 감사드립니다. │ Спасибо за Вашу доброту.

저희 제품에 관심을 가져 주셔서 감사드립니다. │
Благодарим Вас за интерес к нашей продукции.

 Практика Диалога

A: 여러 부서를 다니면서 인사를 하니까 느낌이 어떤가요? │
Как вы себя чувствуете после прохождения нескольких отделов и приветствия всех сотрудников?

B: 모든 부서의 선배님들이 친절하게 맞아주셔서 고마웠습니다. │
Я благодарен за добрый прием старших сотрудников из всех отделов.
특히, 모든 부서를 안내해 주신 김 대리님에게 고마웠습니다. │
Особенно я благодарен Вам, помощник менеджера Ким, за экскурсию по всем отделам.

A: 나도 처음 입사했을 때가 생각나더군요. │
Это напомнило мне о времени, когда я впервые пришел в компанию и поприветствовал всех.

B: 친절한 안내에 감사드립니다. │ Спасибо за Вашу любезную экскурсию.

Спасибо за ~.

 **Шаг вперед**

《감사(感謝)합니다》는 조선시대 때부터 사용한 한자어 표현이고 《고맙습니다》 표현은 순 우리말(고유어)이다. 일반적으로 《감사합니다》는 공손 표현으로 사용하고 《고맙습니다》는 친근한 사이에 사용하는 표현이라고 생각을 한다. 하지만 이 두 표현의 유일한 차이점은 한자어와 순 우리말이라는 것 이외에는 다른 차이점은 없다. 예를 들면, 순 우리말인 《손님》보다 한자어 《고객(顧客)님》를 공손 표현으로 생각하는 것도 비슷한 이유에서이다. 한국어를 배우는 외국인뿐만 아니라 한국사람도 두 표현을 바르게 인식하고 사용하는 것이 바람직할 것이다.

Слово 《감사(感謝)합니다》 использовалось со времен династии Чосон и происходит от китайских иероглифов (한자어), в то время как слово с те м же значением 《고맙습니다》 является чисто корейским словом (순 우리말, 고유어). Обычно считается, что 《감사》 используется как вежливое выражение, а 《고맙습니다》 используется между людьми в близких отношениях. Тем не менее, в принципе нет никаких других отличий, за исключением того факта, что один состоит из китайских иероглифов, а другой - чисто корейское слово. Другим примером того же различия является использование китайского слова 《고객(顧客)님》 в качестве вежливого обращения (공손 표현), а не использование чисто корейского слова 《손님》 (клиент, покупатель). Желательно, чтобы не только иностранцы, изучающие корейский язык, но и корейцы правильно понимали эти два слова.

단어(Словари)

▶▶▶▶▶▶▶▶▶▶

4과에서 배운 중요 단어 확인하기(Проверка основного словарного запаса из Главы 4)

📄 Напишите правильное значение следующих слов.

1. 자료 _____
2. 계획서 _____
3. 출력 _____
4. 발표 _____
5. 참고 _____
6. 회의록 _____
7. 제출 _____
8. 결재 _____
9. 환영 _____
10. 회식 _____

📄 Подберите слова с одинаковым значением.

1. Шредер   • 안내
2. Младший сотрудник   • 친절
3. Многофункциональная комната / офисная кухня   • 관심
4. Доска объявлений   • 선임
5. Доброта   • 후임
6. Приемная / офис секретаря   • 게시판
7. Экскурсия   • 파쇄기
8. Старший сотрудник   • 비서실
9. Отдел по связям с общественностью   • 홍보실
10. Интерес   • 다용도실

문장(Приговор)

▶▶▶▶▶▶▶▶▶

4과에서 배운 중요 문형 표현을 문장으로 쓰고 말하기

(Переведите предложения, используя речевые обороты, изученные в Главе 4.)

Речевые обороты

1. До скольки я должен распечатать документы для встречи?

_____

2. Вы знаете, сколько участников будет на собрании?

_____

3. До какого времени я должен представить отчет?

_____

4. Поскольку это важный отчет, пожалуйста, отправьте его до завтра.

_____

5. Где находится офис секретаря?

_____

6. Где находится отдел по связям с общественностью?

_____

7. Спасибо за Ваш ответ по электронной почте.

_____

8. Должен ли я уведомить всех сотрудников отдела?

_____

9. Спасибо за Ваш интерес к нашему продукту.

_____

10. Я сделаю все возможное для компании.

_____

Напишите подходящий речевой оборот в скобках.

대리: 다음주까지 1. (_____).

신입사원: 네, 알겠습니다. 그런데 아직 게시판 프로그램 사용 방법을 잘 모르겠습니다.

2. (_____).

대리: 알겠어요. 내가 오후에 가르쳐 줄게요.

신입사원: 네, 알겠습니다. 3. (_____)?

대리: 아직 결정이 안 되었어요. 결정이 되면 바로 알려줄게요.

그리고 4. (_____).

신입사원: 고맙습니다. 김 대리님.

대리: 그럼, 이따가 프로그램 사용 방법을 자세히 설명해 줄게요.

Подсказка:

1. Пожалуйста, сообщите о теме встречи через доску объявлений компании.

2. Я был бы признателен, если бы Вы могли показать, как использовать программу доски объявлений компании.

3. Место для встречи определено?

4. Поскольку это важная встреча, на этот раз я размещу уведомление на доске объявлений.

Глава 05

Деловой разговор по телефону
업무 전화

● ○ ○

정보를 묻고 확인하기, 전화로 질문하기, 메모 남기기, 안내하기
Запрос и проверка информации, запрос по телефону,
завершение телефонного звонка, передача сообщений

01. ~(으)려고 전화드렸습니다. / Я звоню, чтобы ~.

02. ~와/과 통화할 수 있을까요? / Могу я поговорить с ~?

03. ~을/를 남기시겠습니까? / Оставите ли Вы ~?

04. ~을/를 다시 말씀해 주시겠습니까? / Не могли бы Вы повторить ~?

05. ~을/를 다시 한번 확인하고 싶습니다. / Я хотел бы уточнить ~.

06. ~(이)라고 전해 주시겠습니까? / Не могли бы Вы передать, что ~?

~(으)려고 전화드렸습니다.

▶▶▶▶▶▶▶▶

Речевой оборот для объяснения причины звонка

Практика речевого оборота

일정을 알려드리려고 전화드렸습니다. |
Я звоню, чтобы рассказать Вам о графике.

약속 시간을 확정하려고 전화드렸습니다. |
Я звоню, чтобы назначить время встречи.

회의 일시를 정하려고 전화드렸습니다. |
Я звоню, чтобы назначить дату и время встречи.

일의 진행 상황을 물어보려고 전화드렸습니다. |
Я звоню, чтобы спросить о ходе работы.

Практика Диалога

A: 안녕하세요? 영업부에 레나르입니다. |
   Здравствуйте. Это Ленар из отдела продаж.

B: 네, 총무부 김민수 과장입니다. 말씀하세요. |
   Здравсвуйте. Это менеджер Ким Минсу из административного отдела. Я
   слушаю [буквально: Пожалуйста, говорите].

A: 거래처 제품 설명서를 받았는지 확인하려고 전화드렸습니다. |
   Я звоню, чтобы проверить, получили ли вы брошюру о продукте клиента?

B: 네, 어제 받았습니다. | Да, я получил вчера.

Я звоню, чтобы ~.

 Шаг вперед

한국 드라마에서 신입사원이 전화 업무를 보면서 무척 긴장하는 장면이 있었다. 그 신입사원은 전화기를 보면서 마음 속으로 이렇게 말했다. ≪(전화기야~)울리지 마라, 제발 울리지마≫. 전화 업무는 상대방을 볼 수 없고 목소리만으로 상황을 알아야 하기 때문에 긴장이 되기 마련이다. 회사에서의 전화 업무는 이메일과 함께 가장 많이 사용하게 된다. 그러므로 전화를 받고 끊을 때에 사용하는 기본적인 표현을 익히는 것이 전화 업무에 도움이 될 것이다. 예를 들면, 전화를 받게 되면 ≪영업팀 김민수 대리입니다≫와 같이 소속과 이름을 말해야 한다. 그리고 전화를 끊을 때는 ≪고맙습니다. 좋은 하루 되시기 바랍니다≫라고 마무리 인사를 하는 것이 좋다.

В одной популярной корейской драме была сцена, где новичок-стажер очень нервничал (긴장 하다) по поводу делового звонка. Он смотрел на телефон и говорил: ≪[Телефон], не звони, пожалуйста, не звони≫. Нервничать-это нормально, потому что во время делового разговора нужно понимать ситуацию (상황), не видя собеседника, а только слыша его голос. В компаниях звонки являются наиболее широко используемым инструментом для общения наряду с электронной почтой. В этом отношении поможет изучение следующих речевых оборотов (기본적인 표현) для приема и завершения звонка (전화를 받고 끊을 때). Пример: при получении звонка необходимо сказать свое имя и отдел (소속): ≪Это помощник менеджера Ким Минсу из отдела продаж≫ ≪영업팀 김민수 대리입니다≫. И когда вы заканчиваете разговор, хорошо бы передать заключительное (마무리) приветствие: ≪Спасибо. Хорошего дня≫ ≪고맙습니다. 좋은 하루 되시기 바랍니다≫.

Речевой оборот для просьбы позвать человека, с которым Вы хотите поговорить.

Практика речевого оборота

영업부 책임자와 통화할 수 있을까요?
Могу ли я поговорить с ответственным лицом в отделе продаж?

김 대리와 통화할 수 있을까요?
Могу ли я поговорить с помощником менеджера Ким?

총무부 김 과장님과 통화할 수 있을까요?
Могу ли я поговорить с менеджером Ким из административного отдела?

인사부 김 부장님과 통화하고 싶습니다.
Я хотел бы поговорить с генеральным менеджером Ким из отдела кадров.

Практика Диалога

A: 안녕하세요? 영업부입니다. Здравствуйте. Это отдел продаж.

B: 네, 저는 한국회사 총무부에서 근무하는 김 주임입니다.
영업부 김 과장님과 통화할 수 있을까요?
Я старший специалист Ким из административного отдела корейской компании.
Могу ли я поговорить с менеджером Ким из отдела продаж?

A: 지금 자리에 안 계십니다. 무슨 일로 전화하셨는지요?
Его сейчас нет на месте. О чем Вы хотите поговорить?

B: 일의 진행 상황을 물어보려고 전화드렸습니다.
Я звоню, чтобы спросить о ходе работы.

Могу я поговорить с ~?

A: 들어오시면 전화왔었다고 말씀드리겠습니다.
  Когда он вернется, я передам ему, что Вы звонили.

 Шаг вперед

한국회사에서 회사 생활을 하게 되면 업무 지시를 기록해야 하는 경우가 있다. 이것은 업무를 지시한 사람을 명확히 하여 책임 관계를 확실히 하기 위해서이다. 따라서 전화 업무를 볼 때 선배나 상사의 업무 지시를 메모하거나 기록하는 것이 중요하다. 전화 통화를 한 후에 메모로 남겨야 하는 일반적인 사항은 다음과 같다. 우선 ≪언제 전화 통화를 했는지≫, ≪누구와 전화 통화를 했는지≫, ≪전화 통화자의 연락처≫, ≪전화로 요청하거나 전달할 사항≫ 등을 기록하는 것이 좋다.

В процессе работы в корейской компании будет много случаев, когда вам нужно будет записывать рабочие инструкции (업무 지시를 기록하다). Это для определения того, кто дал задание и кто ответственный (책임 관계). Поэтому во время телефонного разговора важно делать заметки или оставлять напоминания (메모하다) с рабочими инструкциями, полученными от старших сотрудников или начальника. Стандартные детали (사항) для записи в памятке после завершения звонка следующие: ≪время вызова≫, ≪кто звонил≫, ≪контактные данные звонившего≫, ≪детали, которые были запрошены или переданы≫.

~을/를 남기시겠습니까?

Речевой оборот, используемый для уточнения, желает ли собеседник оставить сообщение или номер для обратной связи.

Практика речевого оборота

연락처를 남기시겠습니까? │ Поделитесь своим номером для связи?

전화번호를 남기시겠습니까? │ Оставите свой контактный телефон?

이메일 주소를 남기시겠습니까? │ Оставите свой адрес электронной почты?

전화하신 용건을 남기시겠습니까? │ Скажите мне цель Вашего звонка?

Практика Диалога

A: 김 과장님과 통화할 수 있을까요? │ Могу ли я поговорить с менеджером Ким?

B: 지금 외근 중이십니다. │ Он на выезде (работает вне офиса).

A: 언제쯤 통화가 가능할까요? │ Когда я могу поговорить с ним по телефону?

B: 오후에 전화하시면 됩니다. 이름과 연락처를 남기시면 전화왔었다고 전해드리겠습니다. │
Вы можете перезвонить днем. Если Вы сообщите мне свое имя и контактные данные, я скажу ему, что Вы звонили.

A: 제품개발부 이 차장이 전화했다고 전해주세요. │
Пожалуйста, скажите ему, что звонил старший менеджер Ли из отдела разработки продукта.

Оставите ли Вы ~?

 Шаг вперед

회사에 근무하게 되면 출장(出張)을 가거나 외근(外勤)을 나가게 된다. 출장과 외근은 다른 의미를 가지고 있다. 사전적인 의미를 보면, 《출장》은 《업무를 위하여 임시로 다른 곳으로 나감》이라는 뜻의 명사이다. 《출장을 가다》, 《해외 출장 중입니다》, 《김 과장님은 내일 러시아로 출장을 갈 겁니다》 등의 표현으로 자주 사용한다. 《외근》의 경우에는 《직장 밖에 나가서 근무함. 또는 그런 근무》를 뜻하는 명사이다. 《이번달에는 외근이 많습니다》, 《외근 후에 퇴근하겠습니다》, 《김 과장님은 외근 중입니다》 등으로 자주 사용한다.

После того, как Вы устроитесь в компанию, будут случаи, когда Вам придется отправляться в командировки (출장, 出張) или работать за вне офиса (외근, 外勤). 《출장》 и 《외근》 имеют разные значения. 《출장》 в словаре- это существительное, означающее временный переход в другое место для выполнения работы. Часто используются следующие фразы: 《출장을 가다》 (отправляться в командировку), 《해외 출장 중입니다》 (в командировке заграницей), 《김 과장님은 내일 러시아로 출장을 갈 겁니다》 (Менеджер Ким завтра отправится в командировку в Россию). 《외근》 - это существительное, значение которого 《работа вне офиса или работа, выполняемая вне офиса》. Оно используется следующим образом: 《이번달 에는 외근이 많습니다》 (《У меня в этом месяце много внеофисной работы》), 《외근 후에 퇴근 하겠습니다》 (《Я пойду домой после окончания работы вне офиса》), 《김 과장님은 외근 중입니다》 (《Менеджер Ким работает вне офиса》).

▶▶▶▶▶▶▶▶

Речевой оборот для просьбы повторить, если что-то непонятно или нерасслышали.

 Практика речевого оборота

성함을 다시 말씀해 주시겠습니까? | Не могли бы Вы повторить свое имя еще раз?

회의 장소를 다시 말씀해 주시겠습니까? |
Не могли бы Вы еще раз повторить, где место встречи?

담당자 연락처를 다시 말씀해 주시겠습니까? |
Не могли бы вы повторить контактные данные ответственного лица?

방금 하신 질문을 다시 말씀해 주시겠습니까? |
Не могли бы Вы повторить свой вопрос, который Вы только что задали?

 Практика Диалога

A: 회의 장소가 본사 3층 영업부 회의실로 바뀌었습니다. |
Место совещания было изменено на конференц-зал отдела продаж, на 3-м этаже головного здания.

B: 장소를 다시 말씀해 주시겠습니까? |
Не могли бы Вы еще раз сказать, где место встречи?

A: 본사 3층 영업부 회의실입니다. |
Конференц-зал отдела продаж на 3 этаже головного здания.

B: 네, 알겠습니다. 고맙습니다. | Понял. Спасибо.

Не могли бы Вы повторить ~?

 **Шаг вперед**

회사에서 회의를 하게 되면 ≪회의록≫을 작성하게 된다. 직장 상사가 사원의 업무 능력을 보기 위하여 회의록 작성을 지시하는 경우도 있다. 회의록은 보통 프로젝트 담당자가 작성하게 된다. 회의록을 작성할 때 기본적으로 준비해야 할 내용은 다음과 같다. 먼저 회의 시간과 장소를 적는다. 다음으로 회의 참석 인원을 적는다. 그리고 회의의 주제와 안건을 적는다. 끝으로 회의 후에 할 실행 사항에 대하여 적는다. 회의 주제는 간략하게 작성하고 안건을 어떻게 실행할 것인지를 요약하여 정리한다.

После встречи нужно написать протокол совещания (회의록). Бывают случаи, когда старший, чтобы проверить работоспособность помощника, поручает ему написать протокол встречи. Обычно протокол встречи составляется ответственным за проект. По сути, в протокол собрания должно быть включено следующее: 1. Время и место (시간과 장소) собрания; 2. Участники встречи (참석 인원); 3. Тема и повестка дня (주제와 안건) собрания; 4. Вопросы, которые следует разрешить (실행 사항) после встречи. Тема встречи должна быть написана кратко, и должно быть краткое изложение того, как повестка дня будет реализована на практике.

Речевой оборот для уточнения информации

 Практика речевого оборота

회의 안건을 다시 한번 확인하고 싶습니다.
Я хотел бы еще раз проверить повестку дня.

담당자의 전화번호를 다시 한번 확인하고 싶습니다.
Я хотел бы еще раз сверить номер телефона ответственного лица.

부장님의 회의 참석 여부를 다시 한번 확인하고 싶습니다.
Я хотел бы еще раз убедиться, будет ли генеральный менеджер присутствовать на собрании.

이메일 내용을 다시 한번 확인하고 싶습니다.
Я хотел бы еще раз проверить содержание письма.

 Практика Диалога

A: 어제 회의 안건을 회사 게시판에 공지했는데 보셨습니까?
Вчера я разместил повестку дня встречи на доске объявлений компании, Вы видели?

B: 아니요, 아직 확인을 하지 못했습니다. Нет, я еще не проверял.

A: 김 과장님의 회의 참석 여부를 다시 한번 확인하고 싶습니다.
Я хотел бы еще раз убедиться, будет ли менеджер Ким присутствовать на встрече.

B: 네, 김 과장님은 회의에 참석하실 겁니다.
Да, менеджер Ким будет присутствовать на встрече.

Я хотел бы уточнить ~.

 Шаг вперед

회사에서 전화 업무를 볼 때면 여러 상황을 마주하게 된다. 예를 들면, 전화가 잘못 걸려 오거나, 회의 중에 전화가 오거나, 전화가 잘 들리지 않을 경우, 그리고 상대방을 기다리게 한 후에 통화하는 경우 등이 있다. 이럴 때는 ≪전화가 잘못 연결된 것 같습니다≫, ≪지금 은 회의 중입니다≫, ≪20분 후에 다시 연락주십시오≫, ≪좀 더 크게 말씀해 주시면 고맙 겠습니다≫, ≪기다리게 하여 죄송합니다≫ 등의 표현을 기억하고 있으면 당황하지 않고 전화 업무를 볼 수 있을 것이다.

Различные ситуации (상황) могут возникнуть во время телефонного звонка. Например, неправильный набор номера, вызов во время встречи, плохое соединение или звонок после того, как абонент долго ждал и тд. Если вы помните (기억하다) следующие выражения для таких ситуаций, вы не растеряетесь (당황하다): ≪전화가 잘못 연결된 것 같습니다≫ (≪Кажется, Вы набрали неправильный номер≫), ≪지금은 회의 중입니다≫ (≪Я сейчас на совещании≫), ≪20분 후에 다시 연락 주십시오≫ (≪Пожалуйста, перезвоните через 20 минут≫), ≪좀 더 크게 말씀해 주시면 고 맙겠습니다≫ (≪Я был бы признателен, если бы Вы могли говорить громче≫), ≪기다리게 하여 죄송합니다≫ (≪Извините, что заставил Вас ждать≫).

~(이)라고 전해 주시겠습니까?

▶▶▶▶▶▶▶▶

Речевой оборот для передачи сообщения

 Практика речевого оборота

오전 10시부터 회의라고 전해 주시겠습니까?
Не могли бы Вы передать сообщение, что встреча начинается в 10 утра?

회의 장소는 3층 회의실이라고 전해 주시겠습니까?
Не могли бы вы передать сообщение, что собрание будет в конференц-зале на третьем этаже?

참석자가 10명이라고 전해 주시겠습니까?
Не могли бы вы передать, что будет 10 участников?

다음주 회의 주제는 영업전략이라고 전해 주시겠습니까?
Не могли бы Вы передать, что тема следующего собрания - стратегия продаж?

 Практика Диалога

A: 김 과장님과 통화할 수 있을까요? | Могу ли я поговорить с менеджером Ким?

B: 지금 사무실에 안 계시는데요. 메시지를 남기시겠습니까?
Его сейчас нет в офисе. Хотите оставить сообщение?

A: 네, 오늘 회의 장소는 총무부 회의실이라고 전해 주시겠습니까?
Да, не могли бы Вы передать, что собрание сегодня пройдет в конференц-зале административного отдела?

B: 네, 알겠습니다. 들어오시면 그렇게 전해드리겠습니다.
Да, конечно. Я скажу ему, когда он вернется.

Не могли бы Вы передать, что ~?

 **Шаг вперед**

회사에서 전화 업무를 볼 때 걸려온 전화를 같은 부서원이나 다른 부서원에게 바꾸어 주어야 하는 경우가 있다. 이런 상황에서는 다음과 같은 전화 업무 예절을 알아 두면 도움이 된다. 먼저 전화를 받을 사람이 누구인지 확인해야 한다. 그리고 전화를 연결할 때에는 상대방에게 들리지 않게 송화구를 손으로 막은 다음에 전화를 연결해야 한다. 또는 잠시 정지 (hold) 버튼을 누르고 누구에게서 어떤 용건으로 전화가 왔는지 설명한 후에 연결하는 것이 좋다. 그리고 전화 연결이 어려운 경우에는 그 이유를 설명하고 양해를 구하는 것이 좋다. 끝으로 전화를 받을 사람의 직위와 이름을 알려주어야 한다.

В некоторых случаях вам придется переадресовывать звонок своему коллеге из того же отдела (부서원) или другого отдела. Вам очень поможет, если вы запомните следующие правила этикета (예절). Сначала проверьте, кто должен получить звонок. Вы должны прикрыть телефонную трубку рукой (송화구), чтобы собеседник не мог слышать, как вы нажимаете клавиши для переадресации вызова. Также желательно переадресовать вызов после перевода вызова в режим удержания (정지) и объяснения (설명하다) человеку, которому вы будете переадресовывать вызов, кто звонит и какова цель (용건, буквально: бизнес, вопрос) звонка (용건). Когда трудно переадресовать вызов, будет хорошо объяснить причину и извиниться (양해를 구하다). Наконец, важно сообщить другой стороне имя и должность (직위) человека, которому вы переадресовываете вызов.

단어(Словари)

▶▶▶▶▶▶▶▶▶

5과에서 배운 중요 단어 확인하기(Проверка основного словарного запаса из Главы 5)

Напишите правильное значение следующих слов.

1. 회의실 _____
2. 영업이익 _____
3. 메시지 _____
4. 공지 _____
5. 참석 여부 _____
6. 안건 _____
7. 담당자 _____
8. 성함 _____
9. 연락처 _____
10. 방금 _____

Подберите слова с одинаковым значением.

1. оставить (сообщение)
2. дата и время
3. процесс (работы)
4. продукт
5. клиент
6. работа вне офиса
7. брошюра
8. график
9. разговор по телефону
10. цель / вопрос (звонка)

• 외근
• 통화
• 용건
• 일시
• 일정
• 진행 상황
• 거래처
• 제품
• 설명서
• 남기다

5과에서 배운 중요 문형 표현을 문장으로 쓰고 말하기

(Переведите предложения, используя речевые обороты, изученные в Главе 5)

📝 Речевые обороты

1. Я звоню, чтобы сообщить Вам расписание.

_____

2. Я звоню, чтобы проверить, получили ли Вы нашу брошюру с описанием продукции.

_____

3. Могу ли я поговорить с помощником менеджера Ким?

_____

4. Его сейчас нет на рабочем месте.

_____

5. По какому поводу Вы звоните?

_____

6. Когда я могу поговорить с ним по телефону?

_____

7. Хотите оставить номер для обратной связи?

_____

8. Не могли бы Вы повторить, где пройдет собрание?

_____

9. Не могли бы вы передать сообщение, что будет 10 участников?

_____

10. Я хотел бы еще раз убедиться, будете ли Вы присутсвовать или нет.

_____

Комплексная практика (종합 연습)

▸▷▸▷▸▷▸▷▸▷

Деловой звонок

📧 **Напишите подходящий речевой оборот в скобках.**

대리: 네, 총무부 김 대리입니다.

과장: 안녕하세요? H회사 영업부 김 과장입니다. 1. (   )?

대리: 지금 2. (   ). 3. (_____)?

과장: 네, 영업부 김 과장이 4. (_____)?

　　　제가 내일 오전 10시쯤에 다시 전화드리겠습니다.

대리: 5. (_____)?

과장: 네, 내일 오전 10시에 다시 전화드리겠습니다.

대리: 네, 알겠습니다. 6. (_____).

Подсказка:

1. Могу ли я поговорить с менеджером Пак?

2. Он работает вне офиса.

3. Хотите оставить сообщение?

4. Не могли бы Вы передать сообщение, что звонил

5. Не могли бы Вы повторить время?

6. Я передам ему.

Глава 06

Электронная почта 이메일

● ○ ○

업무 관련 이메일 쓰기
Ведение деловой переписки по электронной почте

01. ~(으)려고 이메일을 씁니다. / Я пишу этот имейл чтобы ~.

02. ~에 대해 문의드립니다. / Я бы хотел поинтересоваться по поводу ~.

03. ~을/를 보내주십시오. / Пожалуйста, отправьте ~.

04. ~도 참조로 넣겠습니다. / Я так же включу ~ в копию.

05. ~을/를 첨부합니다. / Прилагаю (прикрепляю) ~.

06. ~을/를 ~에게 전달합니다. / Я отправляю ~(кому) ~(что).

07. ~은/는 다음과 같습니다. / ~ как изложено далее.

08. ~기를 바랍니다. / Желаю Вам ~.

09. ~부재중에는 ~에게 연락주십시오. /
     Свяжитесь с ~, в случае моего отсутствия.

Речевой оборот для объяснения причины отправки письма по электронной почте

Практика речевого оборота

일정을 확인하려고 이메일을 씁니다.
Я пишу это письмо, чтобы проверить расписание.

발송 날짜를 확인하려고 이메일을 씁니다.
Я пишу это письмо, чтобы проверить дату доставки.

회의 시간을 정하려고 이메일을 씁니다.
Я пишу это письмо, чтобы назначить время совещания.

부장님께 보고하려고 이메일을 씁니다.
Я пишу это письмо, чтобы доложить генеральному менеджеру.

Практика Диалога

A: 다음주 회의 일정을 확인하려고 이메일을 씁니다.
Я пишу электронное письмо, чтобы проверить расписание встречи на следующую неделю.

B: 그럼, 참석 여부도 같이 확인해 보세요.
Тогда также, проверьте, пожалуйста, посещаемость.

A: 네, 알겠습니다. 회의 일정과 참석자 수를 확인한 후에 바로 연락드리겠습니다.
Понял. Я свяжусь с Вами сразу после того, как проверю дату совещания и количество участников.

B: 그럼, 확인 후에 이메일로 연락주세요.
Хорошо, после проверки отправьте мне е-мейл.

Я пишу этот имейл чтобы ~.

 Шаг вперед

회사에서 업무로 이메일을 쓸 때 가장 중요한 것 중의 하나는 이메일 제목을 간결하게 쓰는 것이다. 이메일 제목만 보고도 이메일을 보내는 용건을 알 수 있도록 쓰는 것이 좋다. 따라서 한 눈에 이메일 내용을 알아볼 수 있도록 이메일 제목 앞에 다음과 같이 적는 것이 좋다. 예를 들면, [중요], [긴급], [보고], [협조], [문의], [제안], [회신 요망] 등을 써 주면 받는 사람이 해야 할 일을 알 수가 있다. 앞으로는 이메일 제목을 쓸 때 다음과 같이 간결하게 적는 연습을 하는 것이 필요하다. 제목: ≪[회신 요망]회의 참석 여부 확인≫.

При написании электронного письма на работе одной из самых важных вещей является создание краткой темы электронного письма. Желательно написать тему электронного письма, чтобы можно было понять, о чем идет речь, только взглянув на эту тему. Поэтому, чтобы узнать содержание письма с первого взгляда, лучше указать категорию перед темой письма. Например, если перед темой электронного письма будут написаны следующие фразы, адресат будет знать, как выполнить последующие действия в этом письме: [중요] ([Важно]), [긴급] ([Срочно]), [보고] ([Отчет]), [협조] ([Сотрудничество]), [문의] ([Запрос]), [제안] ([Предложение]), [회신 요망] ([Запрос ответа]). В следующий раз при написании темы электронного письма попробуйте использовать этот метод следующим образом: [Запрос ответа] Проверка посещаемости собрания≫.

Речевой оборот для объяснения причины отправки имейла

Практика речевого оборота

이메일 수신 여부에 대해 문의드립니다.
Я хотел бы спросить, получили ли Вы письмо или нет.

신상품에 대해 문의드립니다. | Я хотел бы поинтересоваться о новом продукте.

다음주 제품 전시회에 대해 문의드립니다.
Я хотел бы поинтересоваться о выставке продукта на следующей неделе.

주문 수량에 대해 문의드립니다. | Я хотел бы спросить о количестве заказа.

출장 일정에 대해 문의드립니다. | Я хотел бы спросить о дате командировки.

Практика Диалога

A: 먼저 이메일로 주문 수량에 대해 문의드렸습니다.
   Я для начала отправил запрос по заказу по электронной почте.

B: 그럼, 언제쯤 정확한 수량을 알 수 있을까요?
   Когда у нас будет точная информация о количестве заказа?

A: 내일 오전까지 회신을 달라고 부탁드렸습니다.
   Я запросил ответ до завтрашнего обеда.

B: 그럼, 확인한 후에 내일 오전 중으로 연락주세요.
   Тогда завтра уточните информацию и свяжитесь со мной в первой половине дня.

Я бы хотел поинтересоваться по поводу ~.

 Шаг вперед

한국에서는 1997년 5월 7일 《한메일(hanmail)》이라는 무료 인터넷 웹메일 서비스를 시작하면서 이메일 사용이 상용화가 되었다. 이메일의 상용화 역사는 짧지만 현대에 들어서면서 이메일은 회사 업무를 위하여 없어서는 안 되는 중요한 도구가 되었다. 다음과 같은 이메일을 업무 이메일이라고 말할 수 있다. 첫째, 회사 공식 이메일주소로 발송된 이메일, 둘째, 이메일에 받을 수신자와 보내는 발신자가 명시되어 있는 이메일, 셋째, 발신을 한 이메일에 답변(회신)을 한 이메일인 경우에는 공식 업무 메일로 볼 수 있다.

Широкое использование (상용화) электронных писем в Корее началось с запуска бесплатной почтовой службы 《한메일 (hanmail)》 7 мая 1997 года. Несмотря на то, что история использования электронной почты короткая, она стала важным и неотъемлемым инструментом для повседневной офисной работы. Следующие электронные письма могут рассматриваться как деловые электронные письма: во-первых, электронные письма, отправленные через официальный адрес электронной почты компании; во-вторых, электронное письмо с четко указанным адресатом (수신자) и адресантом (발신자); в-третьих, ответное письмо (답변 / 회신) на ранее отправленное письмо.

~을/를 보내주십시오.

Речевой оборот для запроса

 Практика речевого оборота

견적서를 보내주십시오. │Пожалуйста, отправьте счет на оплату.

귀하의 이력서를 보내주십시오. │Пожалуйста, отправьте Ваше резюме.

제품 목록(카탈로그)을 보내주십시오. │

Пожалуйста, отправьте Ваш каталог продукции.

부장님의 최종 의견을 보내주십시오. │

Пожалуйста, отправьте окончательное решение генерального менеджера.

 Практика Диалога

A: H회사 모집 공고를 보고 전화드렸습니다. 어떤 서류를 준비해야 합니까? │
　Я звоню касательно объявления о наборе сотрудников в компанию ≪H≫. Какие
　документы должны быть подготовлены?

B: 네, 먼저 지원서와 이력서를 보내주십시오. │
　Для начала, отправьте, пожалуйста, заявку и резюме.

A: 자격증도 보내야 하나요? │Нужно ли я отправить свои сертификаты?

B: 네, 스캔하여 이메일로 첨부해서 보내주십시오. │
　Да, отправьте отсканированные копии, прикрепив к письму.

Пожалуйста, отправьте ~.

 Шаг вперед

회사에서 이메일로 업무를 볼 때 업무 관련 자료를 파일로 첨부하게 된다. 회사에서 파일을 보낼 때 확인해야 하는 것들이 있다. 먼저 보내는 파일 용량이 큰 경우에는 파일을 압축하여 용량을 적게 만들어 보내는 것이 좋다. 그리고 보내는 파일의 형태도 고려하는 것이 좋다. 예를 들면, 해외에 있는 한국지사에 파일을 보낼 경우에는 한글 문서로 보내게 되면 읽을 수 없다. 그 이유는 한글 문서를 읽을 수 있는 프로그램이 없는 경우가 많기 때문이다. 따라서 해외에 있는 기업에 파일을 보낼 때는 PDF 파일 형태로 보내거나 상대방에게 미리 확인하고 보내는 것이 좋다.

Обычно при деловом общении по почте существует множество случаев, когда необходимо прикрепить (첨부) сопутствующие документы к письму. Есть вещи, которые необходимо проверить перед отправкой любого файла. Желательно сжать файл, если его размер (파일 용량) слишком велик. Также хорошо проверить тип файла. Например, могут возникнуть проблемы с тем, что иностранный партнерне не сможет прочитать файл типа ≪Hangul≫. Причина в том, что в большинстве случаев нет программы для просмотра файла типа ≪Hangul≫. Поэтому отправляя файл иностранной компании рекомендуется использовать формат (파일 형태) PDF или заранее сверить приемлемый тип файла с адресатом.

Речевой оборот, используемый в электронной почте для включения получателя в копию либо скрытую копию

Практика речевого оборота

부장님과 과장님도 참조로 넣겠습니다.
Я также поставлю генерального менеджера и менеджера в копию.

김 대리도 참조로 넣겠습니다. | Я также поставлю помощник менеджера Ким в копию.

부서원도 모두 참조로 넣겠습니다.
Я поставлю всех сотрудников отдела в копию.

거래처 김 부장님도 참조로 넣겠습니다.
Я также поставлю генерального директора Ким из компании-клиента в копию.

Практика Диалога

A: 내일부터 러시아로 출장을 갈 겁니다.
Завтра собираюсь в командировку в Россию.

B: 출장 중에 이메일 확인이 가능하신가요?
Сможете ли вы проверить электронную почту во время командировки?

A: 이메일 확인이 어려울 겁니다. 이메일을 보낼 때 김 대리를 참조로 넣어주세요. 그럼, 김 대리가 대신 회신을 할 겁니다.
Проверить электронную почту будет сложно. При отправке электронного письма поставьте помощника менеджера Ким в копию. Он ответит вместо меня.

B: 네, 김 대리도 참조로 넣겠습니다.
Хорошо, я поставлю в копию помощника менеджера Кима.

Я так же включу ~ в копию.

 **Шаг вперед**

회사 업무로 이메일을 쓰거나 문서를 작성할 때, 자주 사용하는 표현이 ≪참고(參考, Reference)하세요≫, ≪참조(參照, Reference)하세요≫이다. 두 표현은 의미가 다르게 사용되기 때문에 바르게 이해하는 것는 필요하다. 일반적으로 이메일을 쓸 때는 ≪아래와 같이 참조하시기 바랍니다≫, ≪자료를 송부하니 참조하십시오≫ 등으로 ≪참조≫를 사용하는 경우가 있다. 이 표현은 잘못 사용한 표현이다. ≪참조≫는비교하여 대조해 본다는 뜻으로 ≪첨부 문서 참조≫, ≪관련 기사 참조≫, ≪부록 참조≫ 등의 의미로 ≪참조≫를 사용해야 한다. ≪참고≫는 살펴서 생각하십시오라는 뜻이다. 그러므로 이메일을 쓸 때는 ≪참조하시기 바랍니다≫가 아니고, ≪참고하시기 바랍니다≫ 또는 ≪아래와 같이 참고하시기 바랍니다≫라고 쓰는 것이 맞는 표현이다.

Одна из часто используемых фраз в деловых электронных письмах или официальных документах - ≪참고(參考)하세요≫ и ≪참조(參照)하세요≫ (≪Пожалуйста примите к сведению≫). Важно правильно понимать два выражения, потому что они используются по-разному. Фраза ≪принять к сведению 참조(參照)≫ часто используется в электронных письмах следующим образом: ≪Пожалуйста, обратитесь к информации ниже≫, ≪Пожалуйста, обратитесь к прилагаемому документу≫. Использовать ≪참조≫ в данных ситуациях - неправильно. ≪참조≫ следует использовать в смысле ссылки на другую информацию в целях сравнения: ≪см. прилагаемый документ 첨부문서 참조≫, ≪см. соответствующую статью 관련기사 참조≫, ≪см. приложение≫ 부록 참조≫. ≪참고≫ используется для просьбы ознакомиться с документом и проанализировать его, поэтому при написании электронного письма правильно использовать ≪참고하시기 바랍니다≫, а не ≪참조하시기 바랍니다≫.

Речевой оборот для прикрепления файла к письму.

 Практика речевого оборота

제품 목록을 첨부합니다. | Прилагаю список продуктов.

오늘 회의록을 첨부합니다. | Прилагаю протокол встречи.

부장님 일정을 첨부합니다. | Прилагаю график генерального менеджера.

부서 계획서를 첨부합니다. | Прилагаю план действий отдела.

 Практика Диалога

A: 오늘 회의 내용을 부서원에게 알리세요. |
Пожалуйста, поделитесь подробностями сегодняшней встречи с сотрудниками отдела.

B: 네, 알겠습니다. 이메일로 알리겠습니다. |
Хорошо. Я разошлю детали по почте.

A: 회의록도 꼭 첨부하세요. |
Пожалуйста, не забудьте приложить протокол встречи.

B: 네, 이메일에 오늘 회의록을 첨부하겠습니다. |
Да, я приложу к электронному письму протокол сегодняшней встречи.

Прилагаю (прикрепляю) ~.

 **Шаг вперед**

이메일에서 숨은참조(Bcc: behind/blind carbon copy)는 보내는 사람이 받는 사람에게는 비밀로 하고 다른 누군가에게 메시지의 내용을 알리고 싶을 때 사용게 된다. 보통 사람들이 숨은 참조 기능을 필요 없는 기능이라 생각하고 거의 사용하지 않지만 필요한 경우도 있다. 예를 들면, 부서원들의 개인 정보가 회사 전체로 노출될 경우에는 큰 문제가 발생할 수 있기 때문이다. 따라서 다른 부서원들이 서로 알지 못하는 경우, 또는 개인의 이메일주소 정보를 보호하기 위하여 전체 공지를 할 때 숨은 참조로 보내는 것이 좋다.

Скрытая копия (숨은 참조) используется, когда отправитель хочет отправить содержимое сообщения нескольким людям, но хочет сохранить получателей в тайне. Обычно люди думают, что в функции (기능) скрытой копии нет смысла, и не используют ее, но это может быть очень удобно. Например, большая проблема может возникнуть (발생하다) из-за разглашения (노출) личной информации сотрудников. Поэтому, чтобы защитить (보호하다) личные адреса электронной почты или когда сотрудники не знают друг друга, полезно использовать функцию скрытой копии при рассылке электронных писем.

Речевой оборот, используемый в электронных письмах для донесения информации сотрудникам

 Практика речевого оборота

이메일을 프로젝트 담당자에게 전달합니다.
Отправляю письмо менеджеру проекта.

회의 내용을 동료들에게 전달합니다.
Отправляю протокол встречи коллегам.

회의 안건을 부장님에게 전달합니다.
Отправляю повестку встречи менеджеру.

팀장님이 회사 공지를 부서원에게 전달합니다.
Руководитель группы отправляет уведомление компании сотрудникам отдела.

 Практика Диалога

가: 아직 영업부 김 과장님에게 회신을 못 받았습니다.
Я еще не получил ответ от менеджера Ким из отдела продаж.

나: 김 과장님은 러시아 출장 중이어서 회신이 어려울 겁니다. 저에게 말씀하세요.
Менеджер Ким находится в командировке в России, поэтому ему сложно ответить.
Пожалуйста, поговорите со мной.

가: 다음달까지 H회사 주문 수량을 확인해 주시길 바랍니다.
Я прошу Вас проверить сумму заказа компании Н до следующего месяца.

Я отправляю ~(кому) ~(что).

나: 네, 말씀하신 내용을 김 과장님에게 전달하겠습니다.

Я передам Ваш запрос менеджеру Ким.

 Шаг вперед

회사에서 업무를 보면서 내용을 전달하기 위하여 이메일, 전화, 메신저 등을 주로 사용하고, 직접 보고와 같이 구두로 전달하는 방법도 있다. 중요도가 높지 않을 경우에는 이메일이나 메신저를 사용하여 내용을 전달하게 된다. 하지만 중요도가 높을 경우에는 전화를 하거나 직접 만나서 내용을 전달하게 된다. 그렇지만 내용을 전달 받을 사람이 자리에 없는 경우에는 중요도가 높아도 이메일로 업무를 전달해야 하는 경우도 있다. 따라서 회사 내에서는 상황에 맞는 전달 방법으로 중요한 업무 내용을 전달하는 것이 필요하다.

Разного рода контент и детали, относящиеся к работе, могут передаваться разными способами: электронная почта, телефонные разговоры, мессенджер или личный отчет (구두로 전달하다 буквально, передавать устно). Обычно контент, который не важен, может быть передан по электронной почте или через мессенджер. С другой стороны, детали высокой важности доставляются через телефонный разговор или прямую встречу. Однако бывают случаи, когда человек, который должен получать информацию, не находится на месте, в этом случае важная информация передается по электронной почте.

07 ~은/는 다음과 같습니다.

Речевой оборот для информирования деталей

 Практика речевого оборота

다음 달 회의 일정은 다음과 같습니다.
Расписание встреч на следующий месяц выглядит следующим образом.

담당자 연락처는 다음과 같습니다.
онтактные данные ответственного лица изложены далее.

오늘 회의 안건은 다음과 같습니다.
Повестка дня сегодняшнего заседания следующая.

저희 회사 영업이익은 다음과 같습니다.
Текущая прибыль нашей компании выглядит следующим образом.

 Практика Диалога

A: 고객 센터 연락처는 어떻게 되나요?
Какой номер телефона центра обслуживания клиентов?

B: 회사 홈페이지 아래를 보면 확인할 수 있습니다. 연락처는 다음과 같습니다.
+ 82 888 888 8282입니다. / Вы можете найти его внизу на домашней странице компании.
Диктую: + 82 888 888 8282.

A: 네, 알겠습니다. 안내 고맙습니다. | Хорошо. Спасибо за Вашу помощь.

B: 더 필요하신 내용이 있습니까? | Могу ли я Вам чем-нибудь еще помочь?

A: 아니요, 없습니다. | Нет.

~ как изложено далее.

 Шаг вперед

업무 이메일을 쓴 후에는 서명을 붙이는 것이 중요하다. 그 이유는 상대방에게 신뢰를 줄 수 있기 때문이다. 일반적으로 서명에는 이름, 직책, 부서, 회사, 주소, 이메일 주소, 연락처 (전화번호, 팩스번호) 등을 적는다. 이메일에 서명을 자동적으로 사용할 수 있도록 저장해 두는 것도 좋은 방법이다. 하지만 거래처 담당자에게 여러 번 답장 이메일을 보낼 때에는 두 번째로 보내는 이메일부터는 서명을 붙이지 않는 것이 좋다. 서명은 이메일에서 작은 부분이라고 생각할 수도 있지만 상대방에게 본인을 알리는 중요한 부분이다.

Причина в том, что это может способствовать получателю доверять (신뢰) письму. Обычно имя, должность, отдел, название компании, адрес, адрес электронной почты и контактные данные (номер телефона, факс) указываются в подписи. Также полезно сохранить подпись для автоматического использования. Однако при постоянном общении с лицом, ответственным за клиента (거래처 담당자), желательно не ставить подпись, начиная со второго электронного письма. Можно подумать, что подпись - это всего лишь небольшой раздел электронного письма; однако это важная часть, которая информирует получателя о том, кто Вы есть.

Речевой оборот для пожеланий

 Практика речевого оборота

휴가 잘 보내시기를 바랍니다. | Я желаю Вам хороших выходных.

새로운 한 주를 즐겁게 맞이하시기를 바랍니다. |
Я желаю Вам счастливого начала новой недели.

모든 일이 잘 되길(되시기를) 바랍니다. | Я надеюсь, что все идет по плану.

건승하시기를 바랍니다. | Желаю Вам крепкого здоровья.

 Практика Диалога

A: 김 과장님이 인사부에서 영업부로 이동하셨습니다. |
   Менеджер Ким перешел из отдела кадров в отдел продаж.

B: 아, 그래서 김 과장님에게 ≪건승하세요≫라고 인사를 했군요. |
   О, вот почему Вы сказали ему: ≪Будь здоров≫.

A: 네, 하지만 ≪건승하세요≫는 틀린 표현이라고 합니다.
   ≪건승하실 바랍니다≫가 맞는 표현이라는군요. |
   Да, но они говорят, что ≪Будь здоров≫
   это неправильное выражение. Правильно будет: ≪Желаю вам крепкого
   здоровья≫.

B: 네, 앞으로는 '건승하시길 바랍니다'라고 말해야겠네요. |
   Понятно, в следующий раз мне нужно быть осторожным и использовать ≪Я
   желаю вам крепкого здоровья≫.

Желаю Вам ~.

 Шаг вперед

회사에서 부서원이 다른 부서로 이동을 하거나 회사를 옮길 경우에 자주 사용하는 표현이 있다. ≪건승하세요≫라는 표현이다. 사전에 있는 건승의 의미는 ≪탈 없이 건강하다≫이다. 건강하다거나 튼튼하다는 뜻의 ≪건≫(健)과 이기다 혹은 견디다는 뜻의 ≪승≫(勝)이 결합한 한자어다. 하지만 형용사이기 때문에 ≪건승하세요≫는 잘못된 표현이다. 바른 표현은 ≪건승하시기 바랍니다≫, ≪건승하시기를 기원합니다≫ 등으로 사용해야 한다. 다음부터 이메일 끝 인사로 건승을 사용할 때는 ≪앞으로 건승하시기를 바랍니다≫라고 사용하는 것이 맞는 표현이다.

Существует фраза, которая часто используется, когда один из сотрудников переходит в другой отдел или другую компанию: ≪건승하세요≫ (≪Будьте здоровы≫). Значение ≪건승≪ в словаре означает ≪быть здоровым и не иметь никаких инцидентов≫. Это слово происходит от двух китайских иероглифов: ≪건≫(健), что означает ≪здоровый и сильный≫, и ≪승≫, что означает ≪победить или выстоять≫. Однако, поскольку это прилагательное, фраза ≪건승하세요≫ (≪Будьте здоровы≫) неверна. Правильным является ≪건승하시기 바랍니다≫ (≪Я желаю Вам крепкого здоровья≫) или ≪건승하시기 를 기원합니다≫ (≪Я молюсь за то, чтобы Вы были здоровы≫.). Поэтому, если в следующий раз Вам понадобится использовать эту фразу в электронной почте, будет правильно написать ≪앞으로 건승하시기를 바랍니다≫ (≪Я желаю Вам крепкого здоровья≫).

부재중에는 ~에게 연락주십시오.

▶▶▶▶▶▶▶▶

Речевой оборот для информирования о том, кто заменяет отсутствующего.

Практика речевого оборота

저의 부재중에는 김 주임에게 연락주십시오.
Свяжитесь со старшим специалистом Ким, если меня нет.

저의 부재중에는 부서 담당자에게 연락주십시오.
Свяжитесь с ответственным отдела, если меня нет.

저의 부재중에는 제 비서에게 연락주십시오.
Свяжитесь с моим секретарем, если меня нет.

저의 부재중에는 부서원 모두에게 연락주십시오.
Свяжитесь с любым сотрудником нашего отдела, если меня нет.

Практика Диалога

A: 다음주 월요일부터 출장이 잡혀 있습니다.
У меня деловая поездка с понедельника следующей недели.

B: 중요한 일이 있으면 어떻게 연락을 드려야 하나요?
Если будет что-то срочное, как мне связаться?

A: 저의 부재중에는 함께 프로젝트를 진행하는 김 대리에게 연락주십시오.
Свяжитесь с помощником менеджера Ким, который так же работает над проектом, на случай, если меня не будет.

B: 네, 알겠습니다. Хорошо, понял.

Свяжитесь с ~, в случае моего отсутствия.

 Шаг вперед

≪지금 회의 중입니다.≫에서 ≪중≫은 띄어 쓰는 것이 맞다. 한 단어가 아니고 앞 말과 띄워써야하는 의존명사이기 때문이다. 그러면 ≪부재 중≫과 ≪부재중≫ 중에서는 어떤 띄워쓰기가 맞을까? 먼저 답을 이야기하면 ≪부재중(不在中, be out of office)≫이 맞는 띄어쓰기이다. 부재중은 한 단어로 집이나 직장 등 특정 장소에 있지 않다는 것을 의미한다. 따라서 부재중으로 붙여쓰는 것이 맞다. 몇 가지 예를 들면, ≪근무 중입니다≫, ≪출장 중입니다≫, ≪외근 중입니다≫와 ≪한밤중, 병중, 무의식중≫ 등으로 말할 수 있다.

В фразе ≪지금 회의 중 입니다.≫ (≪Я сейчас на совещании≫) правильно написать ≪중≫, оставляя пробел, потому что это не часть предыдущего слова, а зависимое существительное, которое должно быть написано оставляя пространство. В связи с этим возникает вопрос: какое написание ≪부재 중≫ или ≪부재중≫ является правильным? Правильный ответ: ≪부재중 (不在 中, быть вне офиса / отсутствовать)≫. ≪부재중≫, как одно слово, означает отсутствие дома, в офисе или в каком-либо другом месте и т.д. Поэтому правильно написать его одним словом без пробела. Вот несколько примеров: ≪근무 중 입니다≫ (≪Я на работе / работаю≫), ≪출장 중입니다≫ (≪Я в командировке≫), ≪외근 중입니다≫ (≪Я работаю вне офиса≫) и ≪한밤중≫ (≪середина ночи≫), ≪병중≫ (≪во время болезни≫), ≪무의식중≫ (≪быть без сознания≫).

단어(Словари)

6과에서 배운 중요 단어 확인하기(Проверка основного словарного запаса из Главы 6)

Напишите правильное значение следующих слов.

1. 발송 _____
2. 보고 _____
3. 수신 _____
4. 수량 _____
5. 신상품 _____
6. 전시회 _____
7. 회신 _____
8. 견적서 _____
9. 지원서 _____
10. 이력서 _____

Подберите слова с одинаковым значением.

1. см. / копия	• 참조
2. сотрудники отдела	• 첨부
3. секретарь	• 회의록
4. вложение	• 부서원
5. звонить / контактировать	• 고객센터
6. быть здоровым	• 부재중
7. перемещаться	• 비서
8. находиться вне офиса	• 연락하다
9. центр обслуживания клиентов	• 건승하다
10. протокол встречи	• 이동하다

6과에서 배운 중요 문형 표현을 문장으로 쓰고 말하기

(Переведите предложения, используя речевые обороты, изученные в Главе 6)

📄 Речевые обороты

1. Я пишу письмо, чтобы проверить расписание.

2. Я свяжусть с Вами, как только я проверю это.

3. Я бы хотел спросить, получили ли Вы имейл.

4. Я свяжуст с Вами завтра утром.

5. Какие документы я должен приготовить?

6. Пожалуйста, отправьте Ваше заявление и резюме.

7. Когда будете отправлять имейл, поставьте пожалуйста, помощника менеджера Кима в копию.

8. Я прилагаю список продукции.

9. Контактные данные следующие.

10. Если меня нет на месте, свяжитесь с моим секретарем.

Комплексная практика (종합 연습)

Деловая электронная почта

✎ **Напишите подходящий речевой оборот в скобках.**

대리: H회사 주문 수량을 확인했어요?

신입사원: 아직 확인을 못했습니다. 지난주에 1. (_____).

대리: 그럼, 다시 확인해 보세요. 그리고 2. (_____).

신입사원: 네, 알겠습니다.

(확인 후)

대리: 어떻게 되었습니까?

신입사원: 네, 3. (_____).

대리: 그럼, 이메일로 4. (_____).

신입사원: 네, 알겠습니다.

Подсказка:

1. Я отправил электронное письмо, но ответа не было.

2. Поставьте меня в копию, когда отправите письмо.

3. Ответственный отсутствует, поэтому ответил менеджер Ким.

4. Перешлите мне ответ менеджера Ким.

Глава 07
Отчет и авторизация
업무 보고와 결재 받기

● ○ ○

보고서 보고와 결재 요청하기
Составление отчета и запрос на подтверждение

01. ~은/는 잘 진행되고 있습니까? / Процесс ~ идет хорошо?

02. ~까지 ~을/를 마무리하겠습니다. / Я закончу ~ до ~.

03. ~늦어도 ~까지 제출하겠습니다. / Сдам не позднее ~.

04. ~에 관한 보고서 결재 부탁드립니다. / Прошу дать одобрение отчета о ~.

05. ~을/를 다시 한번 확인하겠습니다. / Я проверю ~ еще раз.

~은/는 잘 진행되고 있습니까?

Речевой оборот для проверки состояния проделанной работы

Практика речевого оборота

FDA(식품 및 의약품 관리) 승인 준비는 잘 진행되고 있습니까?
Как идет подготовка к одобрению FDA (Управление по санитарному надзору за качеством пищевых продуктов и медикаментов)?

ISO 9001(국제표준기구) 인증은 잘 진행되고 있습니까?
Успешно ли проходит сертификация ISO 9001 (международный стандарт)?

그 프로젝트는 잘 진행되고 있습니까? | Этот проект продвигается?

제품 발송은 잘 진행되고 있습니까? | Хорошо ли идет отгрузка товара?

보고서는 잘 진행되고 있습니까? | Хорошо ли идет подготовка доклада?

Практика Диалога

A: 모니카, 다음주까지 ISO 9001 인증을 받아야 합니다. 인증 준비는 잘 진행되고 있습니까?
Моника, нам нужно получить сертификат ISO 9001 до следующей недели.
Успешно ли идет подготовка к получению сертификата?

B: 네, 김 과장님하고 최종 절차를 확인하고 있습니다.
이번주까지는 끝낼 수 있을 겁니다.
Да, я и менеджер Ким проверяем окончательную процедуру.
Мы закончим до конца этой недели.

A: 혹시 도움이 필요하면 총무부에 연락하세요.
Если вам нужна помощь, свяжитесь с администрацией.

Процесс ~ идет хорошо?

B: 네, 확인이 늦어지면 바로 연락하겠습니다.

Да, если мы будем отставать от графика, мы свяжемся с ними.

 Шаг вперед

≪부장님에게 결재를 맡았다≫, ≪부장님이 카드대금을 결제했다≫에서 결재와 결제는 다른 의미의 단어이다. 직장인들이 이 두 단어를 잘못 사용하여 실수를 하는 경우가 있다. 결재(決裁, approval)는 업무의 담당자에게 직원이 제출한 안건에 대하여 승인이나 허가를 받는 것을 말한다. 예를 들면, ≪결재를 받다≫, ≪결재하다≫, ≪결재가 되다≫, ≪결재가 나다≫ 등의 표현을 사용한다. 결제(決濟, payment)는 돈을 주고 거래 관계를 마치는 것을 의미한다. 예를 들면, ≪카드 결제를 하다≫, ≪대금 결제를 하다≫ 등의 표현으로 사용한다.

Два слова ≪결재≫ и ≪결제≫ имеют различное значение, как в выражениях ≪부장님에게 결재를 맡았다≫ (≪Я попросил генерального менеджера подписать≫), ≪부장님이 카드대금을 결제했다≫ (≪Генеральный менеджер сделал платеж по карте≫). Офисные работники часто неправильно используют эти два слова. 결재 (決裁, утверждение / авторизация) означает получение одобрения или разрешения от старшего или руководства по определенной проблеме, представленной сотрудником. Вот несколько примеров: ≪결재를 받다≫ (≪получить одобрение≫), ≪결재하다≫ (≪одобрить / авторизовать≫), ≪결재가 되다≫ (≪утвердить / авторизовать≫), ≪결재가 나다≫ (≪одобрение / разрешение выдано≫). 결제 (決濟, оплата) означает завершение транзакции путем выплаты денег. Например: ≪카드 결제를 하다≫ (сделать платеж картой), ≪대금 결제를 하다≫ (произвести платеж).

02 ~까지 ~을/를 마무리하겠습니다.

Речевой оборот для информирования о том, что работа будет закончена в определенный срок

 Практика речевого оборота

다음주 월요일까지 보고서를 마무리하겠습니다. |
Я закончу отчет до понедельника следующей недели.

다음주 화요일까지 제품 발송을 위한 준비를 마무리하겠습니다. |
Я закончу подготовку к отправке товара до вторника на следующей неделе.

이번주까지 회의 준비를 마무리하겠습니다. |
Я закончу подготовку к встрече до конца этой недели.

10월 9일까지 프로젝트를 마무리하겠습니다. | Я закончу проект до 9 октября.

 Практика Диалога

A: 마샤, 언제까지 보고서를 제출할 수 있습니까? |
   Маша, когда ты сможешь представить отчет?

B: 네, 늦어도 이번주 목요일까지 보고서를 마무리하겠습니다. |
   Я закончу отчет не позднее четверга на этой неделе.

A: 먼저 검토를 하고 김 부장님께 결재를 받기 전에 함께 다시 한번 검토해 봅시다. |
   Сначала нужно его проверить. Прежде чем получить одобреение от
   генерального менеджера Кима, давай вместе проверим отчет.

B: 네, 되도록 빨리 마치고 말씀드리겠습니다. |
Да, я закончу и сообщу как можно скорее.

Я закончу ~ до ~.

 Шаг вперед

회사 업무를 보면서 상사에게 중간 결과를 보고하거나 회의 후에 정보를 공유하기 위하여 보고서를 쓰게 된다. 보고서 결재를 받기 위해서는 업무 사안의 중요도에 따라서 부서장이나 임원에게 결재를 받아야 한다. 결재를 다른 용어로 ≪품의(稟議)≫라고도 사용한다. 품의의 사전적 의미는 ≪윗사람이나 상사에게 여쭙고 의논한다≫는 뜻이다. 따라서 품의 준비는 결재를 받기 위하여 보고서를 준비하는 것을 말한다. 그리고 보고서 끝에 자주 사용하는 ≪~검토 후에 재가(裁可) 바랍니다≫에서 재가는 결재와 같은 의미로 자주 사용하는 표현이다. 그러므로 ≪~검토 후에 결재 바랍니다≫라고도 사용할 수 있다.

Иногда нужно написать отчет для обмена информацией после встречи или сделать отчет о промежуточных результатах старшему сотруднику. В зависимости от важности проблемы может возникнуть необходимость получить одобрение от главы департамента или руководства. Другое слово для авторизации - ≪품의(稟議)≫. В словаре значение слова ≪품의≫ - спрашивать и консультироваться (여쭙고 의논한다) со старшим. Поэтому подготовка ≪품의≫ означает подготовку отчета для получения разрешения. И в конце такого отчета часто используется выражение: ≪~검토 후에 재가(裁可) 바랍니다≫ (≪Пожалуйста, дайте разрешение после просмотра отчета≫), в котором ≪재가≫ и ≪결재≫ имеют одинаковое значение. Также можно написать: ≪~ 검토 후에 결재 바랍니다≫.

늦어도 ~까지 제출하겠습니다.

▶▶▶▶▶▶▶▶▶

Речевой оборот для информирования о том, что документ будет подан не позднее какой-то даты

Практика речевого оборота

늦어도 내일까지 제출하겠습니다. | Я сдам завтра (не позднее завтра).

늦어도 오후까지 제출하겠습니다. |
Я отправлю сегодня (не позднее, чем сегодня днем).

늦어도 다음달까지 제출하겠습니다. |
Я отправлю не позднее следующего месяца.

늦어도 이번달 말까지 제출하겠습니다. |
Я отправлю не позднее конца этого месяца.

Практика Диалога

А: 거래처 제품 목록은 어떻게 되어가고 있습니까? |
Как обстоят дела со списком товаров для клиента?

B: 네, 보고 시간을 맞추기 위해서 최선을 다하고 있습니다. 늦어도 내일 아침까지는 제출하겠습니다. |
Я прилагаю все усилия, чтобы не отставать от срока сдачи.
Я подам не позднее завтрашнего утра.

А: 서둘러 주세요. 그래야 오후에 결재를 받을 수 있습니다. |
Пожалуйста, поторопитесь. Мы можем получить авторизацию во второй половине дня, только если отчет будет представлен утром.

B: 네, 알겠습니다. | Да, хорошо.

Сдам не позднее ~.

 **Шаг вперед**

한국 회사에서 결재를 받을 때 자주 사용하는 용어에 기안과 상신이 있다. 최근에는 한국 기업에서 전자결재 시스템으로 결재를 하는 경우가 늘고 있는데 결재문서 상신이라는 용어를 쉽게 볼 수 있다. 일반적으로 결재자에게 결재문서 정보가 포함된 알림 이메일을 다음과 같이 보내진다. ≪[결재 상신] 결재가 요청 되었습니다≫. 상신의 사전적 의미는 윗사람에게 일에 대한 의견이나 내용을 말이나 글로 보고하는 것을 의미하고 기안의 사전적 의미는 업무를 위하여 세운 계획을 문서로 만드는 일을 의미한다.

При получении авторизации встречаются такие слова, как: 기안(起案) и 상신(上申). В эти дни в корейских компаниях авторизация чаще всего осуществляется через электронную систему, и можно легко встретить термин ≪отчет об авторизации≫ (≪결재문서 상신≫). Обычно уполномочивающее лицо получает уведомление по электронной почте, которое включает (포함하다) запрос на авторизацию следующим образом: ≪[결재 상신] 결재가 요청 되었습니다.≫ ([Отчет для авторизации] Требуется авторизация). Словарное значение ≪상신≫ - это письменное или устное сообщение старшему по поводу содержания или мнения по проблеме, а словарное значение ≪기안≫ - это документ, содержащий план реализации работы.

~에 관한 보고서 결재 부탁드립니다.

▶▶▶▶▶▶▶▶▶

Речевой оборот для запроса на одобрение /утверждение

Практика речевого оборота

주문 확인에 관한 보고서 결재를 부탁드립니다. │
Прошу дать одобрение отчета о подтверждении заказа.

상품에 관한 보고서 결재 부탁드립니다. │
Прошу дать одобрение отчета о продукте.

특별수당에 관한 결재 부탁드립니다. │
Прошу дать одобрение отчета о подтверждении спец допуска.

프로젝트에 관한 보고서 결재 부탁드립니다. │
Прошу дать одобрение отчета о проекте.

Практика Диалога

A: 김 과장님, 보고서 여기 있습니다. │ Менеджер Ким, вот отчет.

B: 30번과 40번 상품 500개 주문이 맞습니까? │
Количество 30-ой и 40-ой позиции заказа составляет 500 единиц, верно?

A: 네, 여러번 확인했습니다. 주문 확인에 관한 보고서 결재를 부탁드리겠습니다. │
Да, я проверял несколько раз. Прошу дать одобрение отчета о подтверждении
заказа.

B: 알겠습니다. 내일 오전까지 확인한 후에 결재하겠습니다. │
Понял. Я проверю и дам добро до завтрашнего полудня.

Прошу дать одобрение отчета о ~.

 Шаг вперед

부서장의 결재를 받을 때는 상황을 잘 고려하는 것이 중요하다. 보고서의 내용이 잘 정리가 되어 있어도 결재를 못 받는 경우가 있다. 여기서 말하는 상황은 다음과 같다. 첫째, 결재를 받아야 하는 결재자가 몸 상태가 안 좋거나 스트레스를 많이 받은 상황일 경우에는 결재를 다음에 받는 것이 좋다. 둘째, 본인의 결재 서류 외에도 다른 결재 서류가 많이 밀려 있으면 다음에 결재를 받는 것이 좋다. 셋째, 결재를 받아야 할 결재자가 여러 명일 경우에는 최종 의사결정권자의 의견이 반영되도록 결재 서류를 준비하는 것이 좋다. 이러한 상황을 미리 알고 결재 받을 준비를 하게 되면 결재를 받는 데에 도움이 될 것이다.

Важно учитывать некоторые ситуации при запросе одобрения у начальника отдела. Временами авторизация не предоставляется, хотя отчет об авторизации написан хорошо. Ситуации, которые следует учитывать, следующие. Во-первых, лучше попросить разрешение позже, если человек, который дает одобрение, плохо себя чувствует или находится в стрессовом состоянии. Во-вторых, лучше запросить авторизацию позже, если ожидается много других запросов авторизации. В-третьих, когда есть несколько человек, которые должны дать одобрение, лучше подготовить отчет об авторизации, отражающий мнение человека, который имеет право окончательного принятия решения (최종 의사결정권자). Рассмотрение вышеуказанных ситуаций заранее поможет в получении авторизации.

Речевой оборот для перепроверки информации

 Практика речевого оборота

밑줄 친 부분을 다시 한번 확인하겠습니다. | Я еще раз проверю подчеркнутое.

틀린 부분을 다시 한번 확인하겠습니다. | Я проверю неверную часть еще раз.

일정을 다시 한번 확인하겠습니다. | Я еще раз проверю расписание.

마감일을 다시 한번 확인하겠습니다. | Я еще раз проверю сроки.

 Практика Диалога

가: 보고서에서 다시 확인해야 할 내용에 밑줄을 그었습니다. 잘 확인해 보세요. |
Я подчеркнул части в отчете, которые должны быть перепроверены. Пожалуйста, проверьте внимательно.

나: 네, 밑줄 친 부분을 다시 한번 확인하겠습니다. |
Я еще раз проверю подчеркнутое.

가: 그리고 이해가 안 되거나 질문이 있으면 언제든지 물어보세요. |
Если Вы что-то не поняли или у Вас есть вопросы, пожалуйста, обращайтесь в любое время.

나: 네, 알겠습니다. 질문이 있으면 바로 물어보겠습니다. |
Да понял. Если у меня возникнут вопросы, я сразу же обращусь.

Я проверю ~ еще раз.

 Шаг вперед

해외법인 한국기업에 근무하는 한국 사람들(주재원)과 현지에서 채용된 현지 사람들 사이에서 가장 크게 나타나는 차이점은 업무 문화이다. 주재원의 경우에는 한국 기업의 조직 문화에 익숙하지만 현지 직원들은 개인주의 성향이 강하고 한국기업의 조직문화를 이해하지 못한다. 예를 들면, H자동차 회사의 고위 임원이 해외법인 회사를 방문하여 현지 직원들에게 이렇게 말을 하였다. ≪사람이 재산이며 다음으로 중요한 것이 안전이다.≫ 개인주의 문화가 강한 환경에서 자란 현지 직원들에게 안전보다 회사 직원이 중요하다는 말은 이상하게 들린 수도 있지만 이 말은 한국 기업의 조직 문화를 어느정도는 이해할 수 있는 의미의 말이다.

Самая большая разница между корейскими сотрудниками, которые работают в зарубежных дочерних компаниях (주재원) и местными сотрудниками, заключается в рабочей культуре. Корейские сотрудники привыкли к корейской рабочей культуре, но местным сотрудникам, которые обычно имеют сильный индивидуалистический характер (성향), трудно понять корпоративную культуру корейской компании. Например, один высокопоставленный менеджер из автомобильной компании Н при посещении одной из зарубежных дочерних компаний сказал местным сотрудникам: ≪Человек - это актив (재산), а безопасность (안전) - следующая важная вещь≫. Для местных сотрудников, выросших в строго индивидуалистической культуре, эти слова могут означать, что сотрудники компании важнее безопасности, однако эти слова могут в некоторой степени помочь понять корейскую корпоративную культуру.

단어(Словари)

7과에서 배운 중요 단어 확인하기(Проверка основного словарного запаса из Главы 7)

Напишите правильное значение следующих слов.

1. 식품 _____

2. 의약품 _____

3. 승인 _____

4. 인증 _____

5. 절차 _____

6. 마무리 _____

7. 결재 _____

8. 제출 _____

9. 수당 _____

10. 마감일 _____

Подберите слова с одинаковым значением.

1. не позднее   • 밑줄

2. специальный   • 질문

3. ошибка   • 언제든지

4. преимущество / плюс   • 특별

5. в любое время   • 장점

6. неправильный   • 실수

7. (делать) все возможное   • 틀리다

8. проверить / подтвердить   • 확인

9. подчеркивающая линия   • 최선

10. вопрос   • 늦어도

문장(Приговор)

▶▶▶▶▶▶▶▶▶

7과에서 배운 중요 문형 표현을 문장으로 쓰고 말하기

(Переведите предложения, используя речевые обороты, изученные в Главе 7)

📝 Речевые обороты

1. Хорошо ли идет подготовка отчета?

_____

2. Хорошо ли идет подготовка к получению сертификата?

_____

3. Я смогу закончить до конца этой недели.

_____

4. Я закончу отчет до понедельника следующей недели.

_____

5. Отправьте его не позднее второй половины дня.

_____

6. Прошу дать одобрение на подтверждение заказа.

_____

7. Я еще раз проверю расписание.

_____

8. Пожалуйста, обращайтесь в любое время, если Вы что-то не поняли или у вас есть вопрос.

_____

9. Я еще раз проверю сроки.

_____

10. Я проверю и сразу свяжусь с Вами.

_____

Комплексная практика (종합 연습)

Проверка состояния подготовки отчета

Напишите подходящий речевой оборот в скобках.

대리: 김 과장님이 지시하신 1. (_____)?

신입사원: 네, 제품 목록만 작성하면 됩니다.

대리: 2. (_____). 내일 아침에 결재를 받아야 합니다.

신입사원: 네, 3. (_____).

대리: 목록 작성 후에 4. (_____).

신입사원: 네, 수량을 다시 한번 확인하겠습니다.

대리: 그럼, 부탁할게요.

Подсказка:

1. Хорошо ли идет подготовка отчета?

2. Отправьте его не позднее второй половины дня.

3. Я закончу не поднее второй половины дня.

4. Пожалуйста, проверьте еще раз количество.

Глава 08

Подготовка к собранию

회의 준비

● ○ ○

회의를 준비하고 회의 일정 정하기
Подготовка к собранию и планирование

01. ~(으)려고 오늘 모였습니다. / Сегодня мы собрались чтобы ~.

02. ~할 안건이 ~ 개 있습니다. / На повестке дня ~ вопросов.

03. ~까지 회의를 마칠 예정입니다. / Мы закончим собрание до ~.

04. ~에 대해 어떻게 생각하십니까? / Что вы думаете о ~?

05. ~기 전에 ~이/가 있습니까? / Есть ~ прежде чем ~?

06. ~은/는 ~에 있을 겁니다. / ~ будет ~.

~(으)려고 오늘 모였습니다.

Речевой оборот для уведомления о цели встречи

 Практика речевого оборота

판매 계획을 논의하려고 오늘 모였습니다.
Сегодня мы собрались, чтобы обсудить план продаж.

이 안건을 논의하려고 오늘 모였습니다.
Сегодня мы собрались, чтобы обсудить этот вопрос.

올해 예산에 대해 이야기하려고 오늘 모였습니다.
Сегодня мы собрались, чтобы поговорить о бюджете на этот год.

그 계약 건을 이야기하려고 오늘 모였습니다.
Сегодня мы собрались, чтобы поговорить о контракте.

 Практика Диалога

A: 김 주임, 회의를 시작하세요.
Старший специалист Ким, пожалуйста, начните собраниее.

B: 그럼, 회의를 시작하겠습니다. 오늘은 전반기 판매 계획을 논의하려고 모였습니다.
Начнем встречу. Сегодня мы собрались, чтобы обсудить план продаж на первое полугодие.

A: 먼저 오늘 회의 주제에 대한 요약본이 있습니다. 모두 봐 주시기 바랍니다.
Во-первых, я хотел бы, чтобы все сначала ознакомились с кратким изложением темы сегодняшней встречи.

B: 그럼, 이어서 이야기를 하겠습니다. Тогда я продолжу [говорить].

Сегодня мы собрались чтобы ~.

 Шаг вперед

부서에서 회의를 잘 준비하기 위해서는 다음과 같은 순서를 고려해서 준비해야 한다. 먼저 일주일 전에 회의 참석자들에게 회의 일정을 알리는 것이 중요하다. 그리고 회의 참석자와 연락이 안 될 경우에는 이메일로 일시, 장소, 참가자 명단, 회의 주제를 적은 회의 통지서를 발송한 후에 수신 여부를 반드시 확인해야 한다. 회의실 입구에는 미리 좌석배치도를 붙여 놓고 의자도 회의 인원보다 여유있게 3~4개 정도 더 준비해 놓는 것이 좋다. 다음으로 컴퓨터, 빔 프로젝터, 마이크, 음향 시설등을 확인하는 것이 좋다. 회의 자료와 함께 볼펜과 메모지도 같이 준비하면 좋다. 이와 같이 회의를 준비한다면 부서의 회의가 보다 원활하게 진행될 수 있을 것이다.

Подготовка к встрече в отделении должна осуществляться в соответствии с приведенными ниже инструкциями. Во-первых, важно сообщить участникам о расписании встречи за неделю до этого. В случае, если напрямую связаться с участниками встречи затруднительно (회의 통지서), следует отправить уведомление о встрече по электронной почте с указанием даты и времени (일시), места (장소), списка участников (참가자 명단), темы встречи (회의 주제), после чего важно проверить, было ли получено письмо (수신 여부). Было бы хорошо заранее прикрепить план сидений у входа в зал заседаний и на всякий случай подготовить еще 3-4 стула. После этого важно проверить правильность работы оборудования конференц-зала, таких как компьютер, лучевой проектор, микрофон и другое звуковое оборудование. Основа подготовки собрания - предоставить бумагу и ручки для заметок вместе с материалами собрания. Если встреча подготовлена описанным выше способом, она пройдет гладко.

Речевой оборот для объяснения повестки дня собрания

 Практика речевого оборота

오늘 이야기할 안건이 두 개 있습니다. |
На нашей повестке дня есть два вопроса, о которых нужно поговорить.

오늘 설명할 안건이 세 개 있습니다. |
Есть три вопроса на нашей повестке дня, которые нужно объяснить.

오늘 같이 논의할 안건이 두 개 있습니다. |
У нас на повестке дня два вопроса, которые нужно обсудить вместе.

오늘 제시할 안건이 세 개 있습니다. |
Есть три вопроса на нашей повестке дня.

 Практика Диалога

A: 오늘 회의에서 논의할 내용은 무엇인가요? |
О чем мы будем говорить на сегодняшней встрече?

B: 네, 오늘 같이 논의할 안건이 두 개 있습니다. 먼저, 제품 판매 전략에 대하여 논의하고, 다음으로 프로젝트 진행 상황에 대하여 논의할 겁니다. |
У нас на повестке дня два вопроса, которые нужно обсудить вместе.
Сначала мы обсудим стратегию продаж, а затем о ходе и статусе проекта.

A: 지금 진행 중인 프로젝트를 먼저 논의하는 것이 어떨까요? |
Как насчет обсуждения сначала текущих проектов?

B: 여러분이 동의하시면 그렇게 하겠습니다. | Если все согласятся, я так и сделаю.

На повестке дня ~ вопросов.

 **Шаг вперед**

부서에서 회의를 준비할 때 부수적으로 준비해야 하는 것이 다과(茶菓, tea and sweets, refreshments)이다. 특히, 중요한 분과 함께하는 회의에서는 다과를 준비하는 데 신경을 더 써야 한다. 먼저 다과는 회의 중에 소리 때문에 방해가 되지 않도록 소리가 적게 나는 것으로 준비하는 것이 좋다. 과일의 경우에는 부피가 크지 않은 것이 좋다. 그리고 무거운 주제의 회의에는 자극적이지 않은 차와 부드러운 과자를 준비하는 것이 좋고, 가벼운 회의나 아이디어를 생각해야 하는 회의에는 자극적인 음료를 준비하는 것도 때로는 필요하다.

Одна вещь, которую следует подготовить перед встречей - это чай и сладости или прохладительные напитки (다과, 茶菓). Особенно это важно (신경을 더 써야 한다) на встрече с важным человеком. Было бы хорошо приготовить чай и сладости, чтобы людям не приходилось сильно шуметь, открывая их, иначе это прервет встречу. В случае с фруктами лучше выбирать небольшие по размеру. Если тема встречи тяжелая (무거운 주제), хорошо приготовить мягкий чай и мягкое печенье, если встреча заключается только в обмене идеями в легкой атмосфере (가벼운 회의, буквально: легкая встреча), лучше приготовить немного стимулирующих напитков (например, кофе).

Речевой оборот, указывающий, когда закончится собрание

 Практика речевого оборота

오전 11시 30분까지 회의를 마칠 예정입니다. │ Мы закончим собрание до 11:30.

점심 시간 전까지 회의를 마칠 예정입니다. │ Мы закончим собрание до обеда.

12시 전까지는 회의를 마칠 예정입니다. │ Мы закончим собрание до 12 часов.

퇴근 시간 전까지는 회의를 마칠 예정입니다. │
Мы закончим собрание до конца рабочего дня.

 Практика Диалога

A: 회의가 언제쯤 끝날까요? │ Когда закончится собрание?

B: 늦어도 점심 시간 전까지 마칠 예정입니다. │
   Завершится не позднее обеденного перерыва.

A: 그러면, 회의 후에 같이 점심식사를 할까요? │
   Тогда пообедаем вместе после собрания?

B: 네, 좋습니다. │ Да, отлично.

Мы закончим собрание до ~.

Шаг вперед

신입사원에게 회의 준비 못지 않게 중요한 것은 회의 마무리이다. 우선 회의가 끝난 후에 회의에참석한 부서원들이 두고 간 물건이 없는지 잘 확인하는 것이 필요하다. 다음으로 회의를 위해 빌린 물품들을 잘 반납해야 한다. 회의 시간에 자료로 사용하고 버리는 것들 중에 중요한 내용이 포함되어 있는지 확인한 후에 필요하면 서류를 파기해야 한다. 끝으로 회의실을 관리하는 부서에 연락하여 회의가 끝났음을 알려야 한다.

Для нового сотрудника, окончание (마무리) собрания, так же важно, как и подготовка к нему. В первую очередь ему необходимо проверить, оставили ли участники какие-либо личные вещи на месте собрания. Также важно вернуть все одолженные вещи (물품을 반납하다). Если в материалах собрания есть конфиденциальное содержание, документы следует уничтожить (서류를 파기 하다). В конце желательно связаться с отделом, который управляет переговорными комнатами, и сообщить им, что собрание завершилось.

04 ~에 대해 어떻게 생각하십니까?

▶▶▶▶▶▶▶▶

Речевой оборот для предложения чего-либо или уточнения мнения

 Практика речевого оборота

김 대리 제안에 대해 어떻게 생각하십니까?
Что вы думаете о предложении помощника менеджера Кима?

이 문제에 대해 어떻게 생각하십니까? │ Что вы думаете об этой проблеме?

이 보고서에 대해 어떻게 생각하십니까? │ Что вы думаете об этом отчете?

이 제품에 대해 어떻게 생각하십니까? │ Что вы думаете об этом продукте?

 Практика Диалога

A: 회사의 영업이익이 줄고 있습니다. 영업팀에서는 이 문제에 대해 어떻게 생각하십니까? │
Операционная прибыль компании снижается. Что отдел продаж думает об этой проблеме?

B: 영업팀에서도 그 문제를 해결하기 위해 최선을 다하고 있습니다. │
В отделе продаж мы делаем все возможное, чтобы решить эту проблему.

A: 새로운 판매 전략을 위한 아이디어를 준비해 보세요. │
Пожалуйста, подготовьте идею новой стратегии продаж.

B: 네, 팀원들과 같이 논의해 보겠습니다. │
Мы обсудим этот вопрос с членами команды.

Что вы думаете о ~?

 Шаг вперед

한국의 S 전자회사는 회의 효율성을 높이기 위해 ≪1-1-2≫ 원칙을 만들어 회의에 적용하고 있다. 1-1-2 원칙의 의미는 1명이라도 적게 회의에 참석하여 불필요한 회의를 줄이고, 회의는 1시간 이내로 끝내 업무에 지장을 주지 않으며, 잦은 회의보다는 2번 안해도 되는 회의 문화를 만들자는 의미에서 만들어진 원칙이다. 그리고 회의를 주관하는 상사의 일방적인 회의를 지양한다는 목적도 있다. 많은 회사원들이 자주하는 회의 때문에 업무 효율이 떨어진다고 생각하여 이러한 회의 원칙을 만들어 적용하고 있다.

Корейская электронная компания S для повышения эффективности (효율성) собраний применяет (적용하다) правило ≪1-1-2≫. Правило подразумевает следующие принципы (원칙): во-первых, сокращение ненужных (불필요하다) встреч и участников даже до 1 человека, во-вторых, завершение встречи в течение 1 часа, чтобы не прерывать (지장을 주다) работу, и в-третьих, отсутствие второй встречи по той же проблеме. Правило также подразумевает, что старшие сотрудники, которые проводят собрание (회의를 주관하다), должны избегать (지양하다) собраний, где информация передается сверху вниз: не только высшие руководители говорят и все слушают, но и высшие руководители должны также давать сотрудникам всех уровней возможность предлагать свои идеи и следует прислушиваться к их мнению. Такое правило ≪1-1-2≫ было введено, потому что многие сотрудники жаловались на снижение эффективности (효율) частых встреч.

05 ~기 전에 ~이/가 있습니까?

▶▶▶▶▶▶▶▶

Речевой оборот для запроса мнения до завершения собрания

 Практика речевого оборота

끝나기 전에 하실 말씀이 있습니까? |
Прежде чем мы закончим, у Вас есть что еще сказать?

끝나기 전에 제안이 있습니까? |
Прежде чем мы закончим, есть ли какие-нибудь предложения?

끝나기 전에 질문이 있습니까? | Прежде чем мы закончим, есть вопросы?

끝나기 전에 다른 안건이 있습니까? |
Прежде чем мы закончим, есть ли еще какие-нибудь планы?

 Практика Диалога

A: 이것으로 회의를 마치겠습니다. 혹시 끝나기 전에 하실 말씀이 있습니까? |
На этом мы можем закончить собрание. Но прежде чем мы закончим, что бы вы хотели сказать?

B: 다음 회의 날짜를 정하는 것이 좋겠습니다. |
Было бы хорошо назначить дату следующего собрания.

A: 네, 그럼, 다음 회의 날짜는 다음주 화요일에 하는 것이 어떻겠습니까? |
Тогда как насчет вторника на следующей неделе?

B: 네, 좋습니다. 구체적인 회의 시간과 장소는 이메일로 보내드리겠습니다. |
Хорошо. Подробности о времени и месте я пришлю по электронной почте.

Есть ~ прежде чем ~?

 Шаг вперед

외국 직원들이 한국 직장문화에 대한 장점으로 ≪정(情, affection, warmhearted)≫이 있는 직장문화를 말하곤 한다. 외국인 직원들은 한국인들이 직장 동료를 ≪가족≫처럼 생각한다고 느낀다. 자주 함께 밥을 먹기도 하고, 술을 마시기도 하며, 주말에는 함께 여가 활동을 즐기기도 하기 때문이다. ≪선후배 문화≫ 역시 한국기업에서 나타나는 독특한 직장문화이다. 외국 회사에서는 선배와 후배가 업무 외에 자주 밥을 먹거나 술을 마시지도 않고 선배가 후배를 ≪맡아서 가르쳐야 한다≫는 책임 의식도 없다. 가끔 외국회사에서도 신입사원에게 일을 가르쳐 주는 경우가 있지만 이것은 ≪업무≫로 생각한다. 한국 회사에서처럼 선배가 후배를 붙잡고 하나부터 열까지 가르치고 충고하는 한국기업의 직장문화는 외국 직원들에게는 낯선 경험일 것이다.

Говоря о плюсах корейской корпоративной культуры, иностранные сотрудники часто упоминают ≪정情≫ (привязанность, сердечность). Иностранцы считают, что корейцы относятся к своим коллегам как к членам семьи, потому что они вместе едят, вместе пьют, проводят досуг (여가 활동) по выходным. Еще одна отличительная черта корейской корпоративной культуры (독특하다) - это отношения между старшими и младшими. В зарубежных компаниях эти отношения ограничиваются работой, старшие и младшие не едят и не пьют вместе, а старший не имеет чувства ответственности (책임 의식), чтобы руководить младшим и учить его / ее. Конечно, в зарубежных компаниях бывают случаи, когда старший должен обучать нового сотрудника, но это считается работой. Поэтому в корейской компании наличие старшего соорудника, который поддерживает своего младшего и учит его / ее всему от А до Я и дает советы (충고 하다), может быть странным опытом (낯선 경험) для иностранца.

06 ~은/는 ~에 있을 겁니다.

▶▶▶▶▶▶▶▶▶

Речевой оборот для уведомления о времени собрания

 Практика речевого оборота

다음 회의는 한 달 후에 있을 겁니다. | Следующее собрание будет через месяц.

다음 회의는 내일 오전에 있을 겁니다. |
Следующее собрание будет завтра утром.

다음 회의는 다음주에 있을 겁니다. |
Следующее собрание будет на следующей неделе.

다음 회의는 금요일에 있을 겁니다. | Следующее собрание будет в пятницу.

 Практика Диалога

A: 다음 회의는 금요일 오전에 있을 겁니다. 꼭 참석해 주셨으면 좋겠습니다. |
Следующее собрание состоится в пятницу утром. Обязательно примите участие.

B: 네, 금요일 오전에 다른 일정은 없습니다. 참석하겠습니다. |
Да, я приду. На утро пятницы другого расписания нет.

A: 제가 부장님에게도 참석 여부를 확인해 보겠습니다. |
Спрошу и генерального менеджера, будет он участвовать или нет.

B: 그럼, 금요일 오전에 뵙겠습니다. | Тогда увидимся в пятницу утром.

Шаг вперед

가르쳤던 학생 중에 한 명이 현재 한국의 S물산에서 일하고 있다. 오래 전에 S전자회사 인력개발원과 인사계발그룹에서 외국인 임직원들을 가르쳤던 경험이 있었기 때문에 그 학생이 S물산에 입사할 때만해도 한국회사의 조직문화를 잘 견딜 수 있을지 걱정이 앞섰다. 하지만 입사한지 6년이 지난 그 학생은 외국인 전문가로서의 본인의 존재를 나타내고 일을 잘 해나가고 있다. 한국 기업이 외국인 직원들을 고용할 때 얻는 이점은 상당히 클 것이다. 같은 사무실에서 외국인 직원과 함께 일함으로써 외국 문화 및 업무 스타일이 자연스레 공유될 것이다. 그리고 외국인 직원이 가진 객관적인 관점이 가져다주는 기업 문화는 글로벌시장에서 경쟁하는 한국기업에게 도움이 될 것이다.

Один из моих учеников работает в корейской торговой компании S. Поскольку у меня есть опыт обучения иностранных сотрудников (임직원, буквально: работающих и управленческих сотрудников) в центре развития человеческих ресурсов (인력개발원) и в группе обучения кадров электронной компании S, когда эта студентка поступила в (입사하다) торговую компанию S, я беспокоился, удастся ли ей привыкнуть к корейской корпоративной культуре (조직문화). Однако прошло 6 лет с тех пор, как она устроилась в компанию, и теперь она неплохо работает, показывая себя (존재를 나타내다, буквально: показать свое существование) как иностранный профессионал (전문가). Корейские компании получают большую выгоду (이점, буквально: преимущество, плюс) от приема на работу иностранцев. Поскольку иностранцы вместе работают в одном офисе, их иностранная культура и стиль работы естественным образом делится (공유되다) с другими сотрудниками. А объективная точка зрения (객관적인 관점) иностранного сотрудника поможет корейским компаниям быть конкурентоспособными (경쟁하다, буквально: конкурировать) на мировом рынке (글로벌시장).

8과에서 배운 중요 단어 확인하기(Проверка основного словарного запаса из Главы 8)

📄 **Напишите правильное значение следующих слов.**

1. 판매 _____
2. 예산 _____
3. 논 _____
4. 요약본 _____
5. 전략 _____
6. 전반기 _____
7. 동의 _____
8. 퇴근 _____
9. 예정 _____
10. 제안 _____

📄 **Подберите слова с одинаковым значением.**

1. в первую очередь / сначала	• 마치다
2. сказать (уважительня форма)	• 끝나다
3. закончить	• 제안하다
4. стратегия	• 말씀하다
5. проблема	• 날짜를 정하다
6. предлагать	• 전략
7. собираться	• 해결
8. решение	• 문제
9. закончиться	• 먼저
10. назначить дату	• 모이다

문장(Приговор)

8과에서 배운 중요 문형 표현을 문장으로 쓰고 말하기

(Переведите предложения, используя речевые обороты, изученные в Главе 8)

Речевые обороты

1. Сегодня мы собрались, чтобы обсудить план продаж.

2. Тогда я продолжу говорить.

3. Сегодня на нашей повестке дня два вопроса.

4. Если все согласятся, я так и сделаю.

5. Закончим собрание до обеда.

6. Когда закончится собрание?

7. Пообедаем вместе после собрания?

8. Что Вы думаете об этой проблеме?

9. Прежде чем мы закончим, у Вас есть что еще сказать?

10. Следующее собрание состоится в пятницу утром.

Собрание отдела

> 🖎 **Напишите подходящий речевой оборот в скобках.**

대리: 김 과장님, 회의를 시작해도 될까요?

과장: 네, 시작하세요.

대리: 그럼, 오늘 회의를 시작하겠습니다.

    1. (_____).

과장: 오늘 회의 안건은 몇 개인가요?

대리: 오늘 2. (_____).

과장: 그럼, 중요한 안건부터 이야기하죠.

(회의 마무리)

대리: 3. (_____).

    혹시 이 안건에 대한 다른 의견이 있습니까?

과장: 없는 것 같습니다. 그럼, 오늘 회의를 마무리하는 게 좋겠습니다.

대리: 4. (_____)? 질문이 없으면 회의를 마치겠습니다.

    5. (_____). 모두 참석해 주세요.

Подсказка:

1. Сегодня мы собрались, чтобы обсудить стратегию продаж.
2. У нас есть три вопроса, которые нужно обсудить вместе.
3. Закончим собрание не позднее обеда.
4. У вас есть вопросы, прежде чем мы закончим собрание?
5. Следующее собрание состоится в пятницу утром.

Глава 09
Уведомления компании
회사 공지

게시물 내용 확인하고 경조사 표현 익히기
Проверка уведомлений, практика выражений для поздравлений
и соболезнований

01. ~을/를 확인해 주세요. / Прошу проверить ~ / Пожалуйста, проверьте ~.

02. ~을/를 공유해 주세요. / Пожалуйста, поделитесь ~.

03. ~에서 알려드립니다. / Уведомление от ~.

04. ~은/는 ~에서 있을 예정입니다. / ~ пройдет в ~.

05. ~을/를 축하드립니다. / Поздравляю с ~.

06. ~을/를 듣게 되어 유감입니다. / Мне жаль слышать ~.

07. 고인의 명복을 빕니다. / Я молюсь за упокой усопшего.

Речевой оборот для просьбы проверить информацию

Практика речевого оборота

회사 새 게시판을 확인해 주세요. |
Пожалуйста, проверьте новое уведомление на доске объявлений компании.

회사 홍보 영상을 확인해 주세요. |
Пожалуйста, посмотрите рекламное видео компании.

회사 중요 일정을 확인해 주세요. |
Пожалуйста, проверьте основное расписание компании.

새 제품 목록을 확인해 주세요. | Пожалуйста, проверьте список новых товаров.

Практика Диалога

A: 회사의 게시판에 일부 사항이 변경되었습니다. 직원 분들은 모두 게시판을 확인해 주세요. |
На доске объявлений компании изменилось несколько вещей.
Убедительно прошу всех это проверить.

B: 네, 바로 확인해 보겠습니다. 달라진 기능이 있습니까? |
Сейчас проверю. Есть ли какие-то измененные функции?

A: 네, 회사의 중요한 일정을 바로 확인할 수 있습니다. |
Да, теперь можно напрямую посмотреть главное расписание компании.

B: 앞으로는 더욱 편리하게 사용할 수 있겠습니다. |
Тогда пользоваться будет намного проще.

Прошу проверить ~ / Пожалуйста, проверьте ~.

 **Шаг вперед**

한국의 직장문화에서 점심시간은 누군가와 같이 식사하는 시간이다. 같은 부서의 동료들과 같이 식사를 하거나 다른 누구라도 같이 나가서 점심을 먹는 것이 한국회사의 점심 직장문화이다. 그리고 점심을 먹고 나서는 보통 찻집으로 이동해 커피나 차를 마신다. 이런 한국회사의 점심 직장문화와 비교하면 해외 기업들은 점심시간이 짧고 동료들과 같이 식사하기 보다는 샌드위치나 샐러드 같은 간단한 도시락으로 혼자 식사를 해결한다.

В корейской корпоративной культуре обеденное время - это время всегда кушать с кем-нибудь (누군가). В корейской компании обычно кушают вместе с коллегами из отдела или с кем-нибудь еще. А после обеда корейцы обычно идут (이동하다, буквально: передвигаться) в кафе (찻집), чтобы выпить чашку чая или кофе. Если мы сравним (비교하다) корейскую и иностранную культуру обеденного времени, сотрудники иностранной компании вместо того, чтобы проводить короткий обеденный перерыв вместе со своими коллегами, едят в одиночестве (해결하다, буквально: разрешить) ланч-бокс с простой едой, как бутерброд или салат.

Речевой оборот для запроса информации

 Практика речевого оборота

부서원들과 아이디어를 공유해 주세요.
Поделитесь, пожалуйста, своими идеями с коллегами.

행사 정보를 공유해 주세요.
Поделитесь, пожалуйста, информацией о мероприятии.

회의 내용을 공유해 주세요. │ Пожалуйста, поделитесь содержанием встречи.

프로젝트 일정을 공유해 주세요. │ Поделитесь, пожалуйста, графиком проекта.

 Практика Диалога

A: 회사 새 제품 홍보 행사가 언제라고 하셨죠?
Когда вы говорите, будет мероприятие по продвижению нового продукта?

B: 네, 다음주 금요일입니다. │ В следующую пятницу.

A: 괜찮으시면, 행사 정보를 공유해 주세요.
Если Вам не сложно, поделитесь информацией о мероприятии.

B: 네, 게시판에 정보를 바로 올리겠습니다.
Я выложу информацию на доску объявлений.

Пожалуйста, поделитесь ~.

 **Шаг вперед**

회사 게시판의 가장 큰 기능은 정보 공유와 공지 사항의 전달일 것이다. 이런 기능을 하는 업무 도구로는 이메일, 메신저, 게시판 등이 있다. 하지만 이메일보다 회사 게시판이나 메신저를 유용하게 사용하는 경우도 있다. 예를 들면, 전체 부서 직원들에게 업무에 대하여 공지를 해야 할 경우에는 대량의 메일을 발송하는 것보다 게시판에 공지를 올려서 알리는 것이 보다 효율적이다. 그리고 메신저를 이용하면 메일보다 소통을 하는 속도가 더욱 빨라지고, 메일을 쓸 때 포함되는 일상적인 문구들을 사용하지 않아도 되기 때문에 업무의 효율성을 높일 수 있다. 그리고 업무를 볼 때 여러 가지 커뮤니케이션 도구를 같이 사용하는 것이 업무의 능률을 올리는 데에도 도움이 될 것이다.

Основная функция доски объявлений компании (게시판) - делиться информацией (정보 공유) и размещать объявления (공지 사항의 전달). Такую функцию обычно можно выполнять с помощью электронной почты, мессенджера, доски объявлений и т.д. Однако сотрудники больше (유용하게, буквально: с пользой) используют доску объявлений или мессенджер, а не электронную почту. Например, когда кому-то нужно доставить объявление всем (전체) сотрудникам отдела, более эффективно (효율적) загрузить информацию на доску объявлений, чем отправлять несколько писем (대량의 메일). В случае использования мессенджера это может повысить эффективность (효율성) работы, потому что нет необходимости использовать шаблонные (일상적인, буквально: ежедневные, обычные) выражения, которые обычно используются в электронных письмах, и скорость общения (소통) становится быстрее. Совместное использование нескольких типов средств коммуникации (커뮤니케이션 도구) может повысить эффективность работы (능률).

Речевой оборот для информирования сотрудников

 Практика речевого оборота

영업부에서 알려드립니다. | Уведомление из отдела продаж.

총무부에서 알려드립니다. |
Уведомление из административного отдела.

인사부에서 알려드립니다. | Уведомление из отдела кадров.

개발부에서 알려드립니다. |
Уведомление от отдела разработок.

 Практика Диалога

A: 인사부에서 알려드립니다. 2월부터 인사 이동이 있을 예정입니다.
1월 말에 회사 게시판에 공지할 예정이니 참조하시기 바랍니다. |
Уведомление дается от отдела кадров. Ожидается, что кадровая реорганизация
начнется с февраля.
Обратите внимание, что подробная информация будет опубликована в конце
января на доске объявлений компании.

B: 이번에 해외 지사로 발령이 나면 좋을 텐데… |
На этот раз было бы хорошо, если бы меня перевели в зарубежный филиал…

Уведомление от ~.

 Шаг вперед

얼마 전에 대기업에서 일하는 지인이 부장으로 승진했을 때 승진 축하와 함께 다른 부서로의 이동이나 직무가 바뀌었는지 물어본 적이 있다. 인사 이동에는 일반적으로 직위가 올라가는 승진이 있고, 반대로 직위가 내려가는 강등이 있다. 그리고 직원의 적성에 맞게 현재 직무에서 다른 직무로 재배치하는 전환배치가 있다. 일반적으로 직원이 담당하고 있는 업무를 직무라고 하는데 인사 이동에 있어서는 직무 분석과 인사 고과(personnel rating)가 중요하다. 특히, 부서 내에서 직무와 관련하여 직원의 업무수행능력을 평가하는 인사 고과는 인사 이동에서 가장 중요한 평가 수단의 기능을 한다.

Не так давно, когда одного из моих знакомых (지인) повысили (승진하다) до генерального менеджера, я спросил, отправляет (이동, буквально: переместить, перевести) ли компания вместе с поздравлением человека в другой отдел или изменяются ли обязанности. Реорганизация персонала (인사 이동) обычно включает повышение должности (승진), понижение должности (강등), и горизонтальные перестановки (전환 배치, буквально: изменение положения), когда должность сотрудника меняется не по уровню, а по должностным обязанностям, которые он выполняет в соответствии со своими способностями. Обязанности, или работа, за которую отвечает сотрудник, и оценка отдела кадров (인사 고과) являются основными критериями, на которые HR обращает внимание при реорганизации персонала. Персональный рейтинг, который измеряет способность сотрудника выполнять свою работу (업무수행능력), является особенно важным инструментом для оценки (평가) правильной должности для сотрудника.

Речевой оборот для информирования о месте проведения события

 Практика речевого оборота

영업부 모임은 C식당에서 있을 예정입니다.
Встреча отдела продаж состоится в ресторане С.

오늘 회식은 D식당에서 있을 예정입니다.
Сегодня корпоративный ужин состоится в ресторане D.

장례식은 A병원에서 있을 예정입니다. Похороны пройдут в больнице А.

결혼식은 B식장에서 있을 예정입니다. Свадьба пройдет в ресторане В.

 Практика Диалога

공지: 영업팀 김민수 과장의 부친께서 2020년 4월 4일 지병으로 별세하셨기에 삼가 알려드립니다.
　　장례식은 A병원에서 있을 예정입니다.
　　장례식에 참석하셔어 갑작스럽게 부친상을 당하신 김민수 과장님을 위로해 주시기 바랍니다.

Извещение: С уважением сообщаем, что отец менеджера Минсу Ким из отдела продаж скончался из-за хронического заболевания 4 апреля 2020 года. Похороны пройдут в больнице А. Убедительно просим принять участие в похоронах и выражаем свои соболезнования менеджеру Минсу Ким, внезапно потерявшему отца.

Шаг вперед

상을 당한 직장 동료 장례식에 부서원들과 같이 가게 되면 정해진 순서에 따라 조문을 해야 한다. 우선 방명록에 부서 이름과 본인의 이름을 적고 부의금을 내면 된다. 그 후에 종교에 따라 불교이면 분향을 하고 기독교나 천주교이면 헌화를 하면 된다. 그리고 두 번 절을 해야 한다. 그리고 상을 당한 직원 동료에게 절을 한 번 한 후에 위로의 말을 전하고 나오면 된다. 식사를 할 경우에는 먼저 조문객이 많은지 확인을 하는 것이 좋다. 조문객이 많을 경우에는 식사를 하지 않고 오는 것도 바른 예절이다. 이와 같이 같은 부서원의 경조사에 참석하는 것도 한국의 직장문화이다.

Когда вы идете на похороны с сотрудниками отдела, вы должны следовать специальной процедуре (순서, буквально: очередность, порядок), чтобы выразить свои соболезнования (조문을 하다) коллеге, потерявшему члена семьи (상을 당하다). Во-первых, вы должны написать свое имя и название отдела в книге для посетителей (방명록) и выразить соболезнования деньгами (부의금). Затем, в зависимости от религии (종교), жгут ладан (분향을 하다) в случае буддизма или возлагают цветы (헌화를 하다) в случае христианства. Далее вам следует сделать два поклона. Затем вы должны поклониться коллеге, потерявшему члена семьи, и выразить свои соболезнования (위로의 말). Если на похоронах предоставляется еда, сначала вы должны проверить (확인하다), много ли посетителей (조문객). Если в кафетерии много людей, будет хорошим тоном (바른 예절) уйти, не поев. Помните, что участие в похоронах, как описано выше, или свадьбах (경조사) коллег (같은 부서원) - это часть корейской культуры.

~을/를 축하드립니다.

▶▶▶▶▶▶▶▶▶

Речевой оборот для поздравления

 Практика речевого оборота

승진을 축하드립니다. │ Поздравляю с повышением.

해외 지사 발령을 축하드립니다. │
Поздравления с назначением в зарубежный филиал.

팀장이 되신 것을 축하드립니다. │
Поздравляю с назначением руководителем команды.

계약 연장을 축하드립니다. │ Поздравляю с продлением контракта.

 Практика Диалога

A: 어제 회사 게시판에서 인사 공지를 봤습니다.
  김 과장님, 부장으로 승진하신 것을 진심으로 축하드립니다. │
  Вчера я увидел уведомление отдела кадров на доске объявлений компании.
  Менеджер Ким, мои искренние поздравления с повышением до генерального
  менеджера.

B: 부서원 모두 도와 준 덕분입니다. │
  Это благодаря всем сотрудникам нашего отдела.

A: 그동안 김 과장님이 성과를 많이 내서서 승진을 하신 거라고 생각합니다. │
  Я думаю, что Вы получили повышение благодаря результатам, которых Вы
  достигли.

B: 모두에게 고맙습니다. │ Спасибо всем.

Поздравляю с ~.

 Шаг вперед

한국회사에서 인사와 관련한 공지를 할 때 사용하는 용어들이 있다. 그것은 전직, 전근, 전출, 전적, 전보 등이다. 전직은 일하는 부서는 바뀌지 않고 직무의 종류나 업무 내용이 바뀌는 것을 말한다. 전근은 업무 내용뿐만 아니라 근무 장소가 바뀌는 것을 말한다. 예를 들면, ≪모스크바 지사에서 카잔 지사로 전근 발령이 났습니다.≫라고 말할 수 있다. 전출은 직원이 소속되어 있는 회사와의 근로계약 관계는 유지되지만 파견 근무, 장기 출장 등 다른 회사의 지휘와 감독을 받아 업무를 수행하는 것을 말한다. 전적은 소속 회사와의 근로계약을 종결하고 다른 회사와 근로계약을 맺게 되는 것을 말한다. 전보는 동일한 직급으로 근무 장소가 다른 곳으로 바뀌는 것을 말한다.

Существуют специальные термины (용어), которые используются в уведомлениях отдела кадров (공지) относительно реорганизации персонала в корейских компаниях, например: 전직, 전근, 전출, 전적, 전보 и т. д. 전직 означает оставаться в том же отделе, но сменить обязанности или тип работы. 전근 означает не только смену должностных обязанностей, но и места работы, например: ≪모스크바 지사에서 카잔 지사로 전근 발령이 났습니다.≫ (≪Издано распоряжение о переводе (발령) из Московского филиала в Казанский филиал ≫). 전출 означает, что трудовой договор (근로 계약) с компанией остается прежним (유지되다), но работник отправляется (파견 근무) в длительную командировку (장기 출장) в другое место для выполнения работы (업무를 수행하다) под руководством и контролем (지휘와 감독) другой компании. 전적 означает прекращение (종결하다) трудового договора с действующей компанией и подписание (계약을 맺다) договора с другой компанией. 전보 означает смену рабочего места, но с сохранением той же должности (직급).

Речевой оборот, используемый, когда вы узнаете о чей-либо смерти

Практика речевого оборота

부고를 듣게 되어 유감입니다. | Мне жаль слышать о его / ее кончине.

부친상 소식을 듣게 되어 유감입니다. |
Мне жаль слышать о смерти Вашего отца.

모친상 소식을 듣게 되어 유감입니다. |
Мне жаль слышать о смерти Вашей матери.

장인께서 임종하셨다는 소식을 듣게 되어 유감입니다. |
Мне жаль слышать, что твой тесть скончался.

Практика Диалога

A: 김 과장님, 상심이 크시겠습니다. 부친상 소식을 듣게 되어 유감입니다. |
   Менеджер Ким, Вы, должно быть, опустошены. Мне жаль слышать о смерти
   Вашего отца.

B: 위로의 말씀 고맙습니다. | Спасибо за соболезнования.

A: 어려우시겠지만 힘내시기 바랍니다. |
   Это должно быть сложно, но оставайтесь сильным.

B: 네, 고맙습니다. | Спасибо.

Мне жаль слышать ~.

 Шаг вперед

회사내 게시판에서 부고를 보게 되는 경우가 있다. 예를 들면, 부고 A 과장님 모친상, 부고 B 부장님 빙모상 등의 부고를 문자메시지나 회사 게시판에서 받게 된다. 부친상은 동료 직원의 아버지가 돌아가셨다는 의미의 용어이다. 모친상은 동료 직원의 어머니가 돌아가셨다는 뜻이다. 그리고 빙모상은 동료 직원의 장모가 돌아가셨다는 것이고, 빙부상은 동료 직원의 장인이 돌아가셨다는 뜻이다. 부서장이나 직장 동료와 같이 장례식장에 갈 경우에는 검은색 계열의 옷을 입고 가는 것이 예절이다.

Бывают случаи, когда вы видите уведомление о чьей-то смерти (부고) на доске объявлений компании, например, ≪부고 A 과장님 모친상≫ (≪Уведомление о смерти: мать менеджера А скончалась≫), ≪부고 B 부장님 빙모상≫ (≪Уведомление о смерти: скончалась свекровь генерального директора Б≫). 부친상 - термин (용어), который означает, что отец коллеги скончался. 모친상 означает, что скончалась мать коллеги. 빙모상 означает, что свекровь (장모) скончалась, а 빙부상 означает, что свекор (장인) скончался. Согласно этикету, Вы должны носить темную одежду, когда идете на похороны (장례식장) с коллегами и главой отдела.

고인의 명복을 빕니다.

▶▶▶▶▶▶▶▶

Речевой оборот для выражения ваших соболезнований сотруднику, потерявшему члена семьи

 Практика речевого оборота

고인의 명복을 빕니다. | Я молюсь за упокой усопшего.

삼가 고인의 명복을 빕니다. | Я с почтением молюсь за упокой усопшего.

삼가 조의를 표하며 고인의 명복을 빕니다. |
Я выражаю искренние соболезнования и молюсь за упокой усопшего.

상고를 당하셔서 상심이 크시겠습니다. 고인의 명복을 빕니다. |
Вы, должно быть, опустошены из-за своей потери, я молюсь за упокой усопшего.

 Практика Диалога

A: 김 과장님, 상을 당한 직원을 위로하는 표현을 가르쳐주세요. |
Менеджер Ким, научите меня выражать соболезнования.

B: 모니카 씨, 한국에서는 보통 이런 표현을 사용합니다. |
Моника, в Корее обычно используются следующие выражения:
≪삼가 고인의 명복을 빕니다.≫ | ≪Я молюсь за упокой усопшего.≫
≪얼마나 상심이 크시겠습니까?≫ | ≪Вы, должно быть, опустошены.≫
≪뭐라고 위로의 말씀을 드려야 할지 모르겠습니다.≫ |
≪Я не знаю, что сказать, чтобы выразить соболезнование тебе в связи с твоей потерей.≫
≪삼가 조의를 표합니다.≫ | ≪Я выражаю искренние соболезнования.≫

A: 고맙습니다. | Спасибо.

Я молюсь за упокой усопшего.

 **Шаг вперед**

상을 당한 직장 동료의 장례식장에서 해서는 안 되는 말과 행동이 있다. 먼저 해서는 안 되는 표현은 다음과 같다. 돌아가신 분이 왜 돌아가셨는지를 질문하는 것은 바른 예절이 아니다. 그리고 식사를 하면서 건배라는 표현을 사용하는 것도 예의가 아니다. 다음으로 해서는 안 되는 행동에는 장례식장에 같이 온 부서원들과 같이 사진을 찍고 소셜미디어 (social media)에 사진을 올리는 행동이다. 상을 당한 직장 동료를 생각한다면 장례식장에 왔다는 것을 인터넷 상에 알리는 것은 바른 예의가 아닐 것이다.

Существует некоторые моменты в поведении (말과 행동), которые недопустимы на похоронах члена семьи вашего коллеги. Во-первых, неуместно спрашивать о причине смерти и не по этикету (예의) произносить тост (건배) за обеденным столом. Также не стоит фотографироваться с коллегами и загружать их в социальные сети (소셜미디어). Если вы заботитесь о своем коллеге, потерявшем члена семьи, недопустимо публиковать в Интернете новости о том, что вы были на похоронах.

9과에서 배운 중요 단어 확인하기(Проверка основного словарного запаса из Главы 9)

Напишите правильное значение следующих слов.

1. 홍보 _____
2. 영상 _____
3. 유감 _____
4. 기능 _____
5. 공유 _____
6. 행사 _____
7. 인사 이동 _____
8. 부고 _____
9. 소식 _____
10. 임종

Подберите слова с одинаковым значением.

1. результат   • 상심
2. искренние соболезнования   • 위로
3. приказ о назначении / переводе на новую должность   • 부친상
4. продление   • 장례식
5. соболезнования   • 고인
6. продвижение по службе   • 성과
7. похороны   • 삼가 조의
8. горе / опустошенность   • 승진
9. смерть отца   • 발령
10. покойный   • 연장

9과에서 배운 중요 문형 표현을 문장으로 쓰고 말하기

(Переведите предложения, используя речевые обороты, изученные в Главе 9)

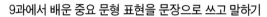 **Речевые обороты**

1. Убедительно просим всех сотрудников проверить доску объявлений компании.

2. Пожалуйста, поделитесь своими идеями с другими коллегами.

3. Я сразу же выложу информацию на доску объявлений компании.

4. Пожалуйста, поделитесь информацией о компании.

5. Свадьба будет в феврале.

6. Мне жаль слышать о смерти Вашего отца.

7. Спасибо за соболезнования.

8. Похороны пройдут в больнице А.

9. Я не знаю, что сказать.

10. Поздравляю с повышением.

Комплексная практика (종합 연습)

▶▶▶▶▶▶▶▶▶

Уведомления компании

🖨 **Напишите подходящий речевой оборот в скобках.**

대리: 김 과장님, 1. (＿＿＿＿＿＿).

과장: 고마워요. 모두 부서원 덕분입니다.

대리: 회사 공지를 보니까 2. (＿＿＿＿＿＿).

과장: 네, 거래처를 확장하게 되어 업무가 더 많아질 겁니다.

대리: 그럼, 김 과장님 업무는 누가 담당하실 예정인가요?

과장: 다음주에 3. (＿＿＿＿＿＿).

　　　공지가 있기 전까지 4. (＿＿＿＿＿＿).

대리: 네, 알겠습니다. 부서원들에게도 알리겠습니다.

Подсказка:

1. Искренние поздравления с повышением.

2. Я слышал, Вас переведут в отдел продаж.

3. Будет уведомление о реорганизации персонала.

4. Делитесь информацией о работе со мной.

Глава 10
Корпоративный ужин
회식

회식 관련 표현과 한국회사의 회식 문화 이해하기
Понимание корейской культуры корпоративного
ужина и фраз, используемых во время мероприятия

01. ~은/는 ~에서 있습니까? / Где будет ~?

02. ~때문에 ~하기 어렵습니다. / Я не смогу ~ из-за ~.

03. ~(으)로 하겠습니다. / Я выберу / подберу ~.

04. ~을/를 못 마십니다. / Я не могу пить ~.

05. ~이/가 정말 즐거웠습니다. / Мне правда понравилось ~.

06. ~실례지만, 먼저 ~겠습니다. / Прошу прощения. Я ~ первым.

Речевой оборот для вопроса о месте встречи

 Практика речевого оборота

내일 회식은 어디에서 있습니까? | Где завтра будет корпоративный ужин?

다음주 회의는 어디에서 있습니까? | Где будет встреча на следующей неделе?

금요일 모임은 어디에서 있습니까? | Где будет пятничное собрание?

신입사원 환영식은 어디에서 있습니까? | Где будет церемония встречи новичков?

 Практика Диалога

A: 신입사원 알리나, 환영식은 어디에서 있습니까? |
   Алина, где состоится церемония встречи?

B: 네, 시내에 있는 한국식당에서 할 예정입니다. |
   В корейском ресторане в центре города.

A: 몇 시까지 가야 하나요? | В какое время мы должны быть там?

B: 오후 7시부터니까 제 차로 같이 가시지요(가시죠)? |
   Начинается в 19:00, поедем на моей машине?

A: 네, 고맙습니다. | Да спасибо.

Где будет ~?

 Шаг вперед

회사에서의 직원 채용은 크게 경력직원 채용과 신입사원 채용이 있다. 경력직원 채용은 프로젝트를 진행하던 직원이 그만두어 채용을 하거나 회사에 새 부서가 생겨서 그 부서의 체계를 잡기 위하여 채용을 하는 경우이다. 반면에 신입사원 채용은 미래를 보고 채용을 하는 것이기 때문에 현재의 프로젝트 보다는 장기적인 비전을 가지고 새로운 프로젝트를 창출하기 위하여 신입사원을 채용하게 된다.

Подбор персонала в корейских компаниях обычно делится на набор сотрудников с опытом (경력직원) и набор сотрудников без опыта / новичков. Сотрудников с опытом обычно нанимают если человеек, который отвечал за проект ушел из компании (그만두다), или когда возникает необходимость создать (체계를 잡다) новый отдел в компании. Новичков же нанимают с перспективой на будущее (미래), для создания (창출하다) новых проектов с долгосрочной перспективой (장기적인 비전).

~때문에 ~하기 어렵습니다.

▶▶▶▶▶▶▶▶▶

Речевой оборот для объяснения причины неучастия во встрече

 Практика речевого оборота

내일 회의 준비 **때문에** 오늘 모임은 참석하기(가) **어렵습니다.**
Я не смогу участвовать в сегодняшнем собрании, потому что мне нужно подготовиться к встрече.

저녁에 가족 모임이 있기 **때문에** 참석하기 **어렵습니다.**
Я не смогу поучаствовать из-за семейного ужина *вечером.*

내일 출장 **때문에** 참석하기 **어렵습니다.**
Я не смогу поучаствовать из-за завтрашней командировки.

내일 아침 업무 보고 **때문에** 오늘 참석하기 **어렵습니다.**
Я не смогу участвовать сегодня, потому что мне нужно сделать отчет *завтра утром.*

 Практика Диалога

A: 저녁 7시에 총무팀 회식 있는 거 아시죠?
  Вы знаете, что в 19:00 корпоративный обед административного отдела, не так ли?

B: 네, 알고 있습니다. 그런데 저는 내일 출장 준비 때문에 회식에 가기 어렵습니다.
  Да, я знаю. Но я не смогу пойти, потому что мне нужно готовиться к завтрашней командировке.

A: 그래도 오랜만에 하는 회식인데 잠깐이라도 참석하시죠?
  Корпоративный ужин проводится впервые за долгое время, почему бы Вам не прийти ненадолго?

B: 저도 그러고 싶지만 비행기가 오전 6시에 출발해서 일찍 공항에 가야 합니다.
Я тоже хотела бы приехать, но самолет в 6 утра, поэтому в аэропорт надо ехать пораньше.

A: 네, 그렇군요. 출장 잘 다녀오세요. Понимаю. Удачной деловой поездки.

 Шаг вперед

회사에서 공식적인 회식은 보통 일주일 전에 공지를 하기 때문에 급한 일정이 아니면 참석하는 것이 바람직하다. 요즘에는 회식자리에서 술을 강하게 권하지 않는 분위기이다. 따라서 본인이 술에 약하면 솔직하게 자신의 주량을 이야기하는 것이 좋다. 그리고 회식 자리 분위기에 맞추어 자신의 주량을 조절하는 것도 필요하다. 최근에는 같이 공연을 보거나 봉사활동을 한 후에 하는 회식 자리도 생겨나고 있다. 회식을 너무 부담스러워하지 말고 부서원 간의 소통을 위한 도구로 생각하는 것이 좋을 것이다.

Уведомления об официальном (공식적인) корпоративном ужине обычно делаются за неделю до этого, поэтому желательно принять участие (참석하다), если нет какого-либо срочного дела (급한 일정). В нынешней атмосфере (분위기) никто не заставляет (권하다) других употреблять алкоголь. Поэтому, если вы не можете много пить, лучше честно рассказать другим о своей допустимой дозе (주량). Также вам может потребоваться приспособить свою допустимую дозу к атмосфере корпоративного ужина. В последнее время также обычно устраивают корпоративные ужины после совместного просмотра представления (공연) или выполнения волонтерской работы (봉사 활동). Не грузитесь негативными мыслями (부담스러워하다) о корпоративном ужине, лучше отнеситесь к этому как к инструменту для улучшения общения (소통) с коллегами.

Речевой оборот для определения места проведения корпоративного ужина

Практика речевого оборота

오늘 회식은 치킨집으로 하겠습니다. |
Для сегодняшнего корпоративного ужина я подберу ресторан, где готовят курицу.

오늘 2차는 노래방으로 하겠습니다. |
На второй раунд [корпоративного ужина] я подберу караоке-бар.

오늘 모임은 한국식당으로 하겠습니다. |
Я выберу корейский ресторан для сегодняшней встречи.

오늘 1차는 삼겹살 식당으로 하겠습니다. |
Для сегодняшнего первого раунда я выберу ресторан, где подают самгёпсаль.

Практика Диалога

A: 부장님, 오늘 회식은 어디에서 있습니까? |
Генеральный менеджер, где сегодня состоится корпоративный ужин?

B: 오늘 회식은 한국 식당으로 하겠습니다. |
Я выберу корейский ресторан для сегодняшнего ужина.

A: 한국 음식을 먹은지 오래되었는데 좋습니다. |
Это хорошо, потому что я давно не ел корейскую еду.

B: 그럼, 6시쯤에 봅시다. | Тогда увидимся в 6.

Я выберу / подберу ~.

 Шаг вперед

신입사원이 회사에 입사하여 부서 배치를 받으면 신입사원 환영회라는 첫번째 회식 자리를 갖게 된다. 본래 회식의 사전적 의미는 여러 사람이 모여 함께 음식을 먹는다는 뜻이다. 우리가 식구라고 하면 한집에 살면서 같이 식사를 하는 사람을 말한다. 마찬가지로 한국 회사에서 회식의 의미는 회사 동료들을 식구로 인정하며 같이 밥을 먹는 자리라는 것을 알 수 있다. 신입사원이 처음으로 하는 회식 자리는 긴장을 할 수 밖에 없다. 신입사원을 환영하는 회식자리는 신입사원 본인을 부서원 전체에게 알릴 수 있는 자리이기 때문에 가능한 참석한 모든 사람과 이야기를 나누는 것이 좋다.

После того, как новички устраиваются в компанию и распределяются по отделам (부서 배치), обычно проводится церемония приветствия (환영회) в качестве первого корпоративного обеда (회식). Первоначальное словарное значение ≪회식≫ означало собрание нескольких человек, чтобы вместе поесть. Для корейцев член семьи (식구) - это человек, который вместе живет в одном доме и вместе ест. Таким же образом (마찬가지로) значение корпоративного ужина в корейской компании - это встреча сотрудников, которые считаются (인정하다) членами семьи и едят вместе. Для новичка естественно нервничать (긴장을 하다) на первом корпоративном ужине. Ужин для новичков - это возможность рассказать о себе всем в отделе, поэтому, если это возможно (가능하다), лучше поговорить со всеми.

~을/를 못 마십니다.

Речевой оборот для отказа пить алкоголь

 Практика речевого оборота

저는 술을 못 마십니다. | Я не могу пить алкоголь.

저는 소주를 못 마십니다. | Я не могу пить соджу.

저는 약을 먹고 있어서 커피를 못 마십니다. |
Я не могу пить кофе, потому что принимаю лекарства.

저는 독한 술을 못 마십니다. | Я не могу пить крепкие алкогольные напитки.

 Практика Диалога

A: 알리나 신입사원을 환영합니다. 다같이 건배하겠습니다.
　제가 《영업부》라고 선창을 하면 다같이 《화이팅》이라고 외쳐주세요. |
　Мы приветствуем новичка Алину. Давайте скажем тост.
　Как только я закричу 《отдел продаж》, все кричат: 《УРА!》

B: 네, 알겠습니다. | Поняли.

A: 우리 영업부를 위하여~ | За наш отдел продаж!

B: 화이팅! | УРА!

A: 알리나 씨, 한 잔 더 하세요. | Алина, выпейте еще.

B: 저는 소주를 못 마십니다. 맥주로 마시겠습니다. |
　Я не могу пить соджу. Я буду пить пиво.

Я не могу пить ~.

 Шаг вперед

회사 회식 자리에 참석하게 되면 건배사를 하게 된다. 본래 건배는 상대방과 술잔을 부딪쳐 술이 넘나들게 하여 술에 독이 없다는 것을 보여주기 위하여 생겼다고 한다. 현대 사회에서는 상대방의 건강과 행운을 빌기 위하여 건배를 하게 되었다. 건배를 하면서 ≪건배구호≫를 외치게 되는데 여러가지 재미있는 표현들을 많이 사용하고 있다. 예를 들면, ≪나가자≫라는 건배사는 ≪나라와 가족과 자신을 위하여≫라는 의미로 사용한다. 일반적으로 ≪~위하여≫를 건배사로 자주 사용한다. 영업팀을 위하여, 우리 회사의 발전을 위하여 등 한 두 개 정도의 건배사를 미리 준비하고 한국 회식 자리에 참석하는 것도 회식 자리에서 긴장을 줄일 수 있는 방법이 될 것이다.

На корпоративном ужине вам, возможно, придется сказать тост (건배사). Говорят, что тост (건배) изначально предназначался для того, чтобы напитки переливались из одного стакана (술잔) в другой, тем самым показывая, что в них нет яда (독). В наши дни, говоря тост, желают другому человеку здоровья и удачи (건강과 행운). Произнося тост, корейцы обычно выкрикивают (외치다) какой-нибудь слоган (건배 구호), для чего используют разные интересные выражения. Например: тост ≪나가자≫ (буквально: давай уйдем) означает (의미) ≪нара와 가족과 자신을 위하여≫ (≪за нашу страну, наши семьи и нас самих (자신)≫). Или просто ≪~ 위하여≫ (≪За ~≫) используется как обычный тост. Заранее подготовив несколько тостов, таких как ≪영업팀을 위하여≫ (≪За отдел продаж≫), ≪우리회사의 발전을 위하여≫ (≪За развитие нашей компании≫) и т.д., вы не будете нервничать на корейском корпоративном ужине.

~이/가 정말 즐거웠습니다.

▶▶▶▶▶▶▶▶▶

Речевой оборот для демонстрации того, что вам понравилось на корпоративном ужине

Практика речевого оборота

오늘 모임이 정말 즐거웠습니다.
Мне очень понравилось сегодняшнее собрание.

오늘 회식 자리가 정말 즐거웠습니다.
Мне очень понравился сегодняшний корпоративный ужин.

영업부 행사가 정말 즐거웠습니다.
Мне очень понравилось мероприятие отдела продаж.

오늘 노래방 2차가 정말 즐거웠습니다.
Мне очень понравилось караоке на втором раунде.

Практика Диалога

가: 어제 회식이 어땠어요? | Как прошел вчера корпоративный ужин?

나: 네, 어제 회식 자리가 정말 즐거웠습니다.
부서원들과 서로 더 잘 알게 되었습니다.
Мне очень понравился вчерашний корпоративный ужин. Я лучше узнал наших сотрудников.

가: 2차는 어디로 갔어요? | Куда вы пошли на второй раунд?

나: 네, 2차는 노래방으로 갔는데 부서원들 모두 노래를 잘 하시더군요.
На второй раунд мы пошли в караоке. Все так хорошо поют.

Мне правда понравилось ~.

 **Шаг вперед**

회사의 회식은 업무 효율을 높이기 위하여 팀 회사 동료끼리 친목을 다지고 서로를 좀 더 알아가기 위한 자리이다. 하지만 모두가 좋아야 할 회식 자리가 한 명이라도 스트레스로 받아들인다면 진정한 회식이 아닐 것이다. 최근에는 회사의 회식 문화가 간소화되어 보통 회식이 1차로 끝나거나 2차를 가도 간단히 커피를 마시는 경우가 많다. 하지만 아직까지도 노래방은 직장 회식의 2차 장소로 많은 직장인들에게 인기가 많다. 회식 자리를 통하여 한국인직원과 외국인직원 사이의 거리를 좁힐 수 있고 한국회사의 회식문화를 이해하게 된다면 모든 직원이 하나가 되는 자리가 될 수 있을 것이다.

Корпоративный ужин - это место, где сотрудники могут пообщаться (친목을 다지다) и лучше узнать друг друга, что, в свою очередь, повысит эффективность (효율) работы. Однако, если даже одному человеку не нравится корпоративный ужин и он испытывает стресс из-за него, то это не настоящий корпоративный ужин (진정하다). В настоящее время культура корпоративных обедов упрощается (간소화되다), и обычно ужин заканчивается первым раундом (1차) или просто чашечкой кофе на втором раунде (2차). Однако караоке по-прежнему остается популярным местом среди офисных работников для второго раунда корпоративного ужина. На корпоративном обеде расстояние между корейскими сотрудниками и иностранными сотрудниками может быть сокращено, и если иностранец поймет корейскую культуру корпоративного обеда, ужин может стать местом единения всех сотрудников.

Речевой оборот, используемый, чтобы первым покинуть место проведения собрания

 Практика речевого оборота

실례지만, 먼저 일어나겠습니다.
Прошу прощения. Я уйду (буквально: встану) первым.

실례지만, 먼저 가겠습니다.
Прошу прощения. Я прошу прощения. Я пойду первым.

실례지만, 20분 후에 먼저 나가겠습니다.
Прошу прощения. Я выйду первым через 20 минут.

실례지만, 먼저 가야겠습니다. Прошу прощения. Я пойду первым.

 Практика Диалога

A: 김 대리는 2차를 안 가나요?
Помощник менеджера Ким, не идешь на второй раунд?

B: 네, 저도 가고 싶습니다. 하지만 중요한 선약이 있습니다.
실례지만, 저 먼저 가겠습니다.
Я бы хотел пойти, но у меня важная встреча. Прошу прощения. Я пойду первым.

A: 그래요, 그럼, 내일 봅시다. Хорошо, тогда увидимся завтра.

B: 네, 모두 재미있는 시간 보내세요. Всем хорошо провести время.

Прошу прощения. Я ~ первым.

 **Шаг вперед**

다음날에 업무에 지장을 주게 될 정도로 과음을 하거나 회식 자리를 오래 가지면 안 된다. 그래서 최근에는 회사마다 회식 문화를 바꾸기 위하여 다음과 같은 공지를 한다. 예를 들면, ≪오늘부터 우리 부서의 회식은 ≪112≫입니다≫라고 한다면, 112의 의미는 한 종류의 술로 회식은 1차까지만 회식자리는 2시간 이내로 끝내십시오라는 의미이다. 또는 ≪222≫라고 하는 경우도 있는데 ≪222≫는 술은 반잔만 채우고 상대방에게 두 잔이상 술을 권하지 않으며 마찬가지로 2시간 이내에 회식자리를 마치는 것이다. 그리고 ≪911≫은 회식 시간은 9시까지, 회식 자리는 1차에서 마치고 한 종류 이상의 술을 마시지 않는 것을 의미한다.

Неуместно много пить (과음) или находиться на корпоративном ужине слишком долго, поскольку это помешает (지장을 주다) вашей работе на следующий день. Так, в последнее время многие компании, чтобы изменить культуру корпоративного ужина, создают специальные правила и размещают их на доске объявлений. Например, ≪오늘부터 우리 부서의 회식은 ≪112≫입니다≫ (≪С сегодняшнего дня корпоративный ужин следует правилу ≪112≫.≫), Что означает корпоративный ужин с одним видом алкоголя, 1 раунд и не более 2 часов. Или есть еще правило ≪222≫: налить стакан только на половину, не заставлять других пить больше двух раз и заканчивать обед в течение двух часов. Еще одно правило - ≪911≫: корпоративный ужин до 21:00, 1 тур и один вид алкоголя.

단어(Словари)

10과에서 배운 중요 단어 확인하기(Проверка основного словарного запаса из Главы 10)

Напишите правильное значение следующих слов.

1. 회식 _____
2. 모임 _____
3. 환영식 _____
4. 노래방 _____
5. 차(1차, 2차) _____
6. 인정 _____
7. 건배 _____
8. 선창 _____
9. 외치다 _____
10. 실례 _____

Подберите слова с одинаковым значением.

1. крепкий алкоголь	• 일어나다
2. все	• 준비
3. за	• 일찍
4. подготовка	• 독한 술
5. через долгое время / впервые за долгое время	• 모두
6. приятный	• 즐겁다
7. важно	• 정말
8. вставать / уходить	• 위하여
9. действительно	• 오랜만에
10. рано	• 중요하다

10과에서 배운 중요 문형 표현을 문장으로 쓰고 말하기

(Переведите предложения, используя речевые обороты, изученные в Главе 10)

📝 Речевые обороты

1. Где сегодня будет корпоративный ужин?

_____

2. В какое время мы должны быть там?

_____

3. Я не смогу пойти на встречу, потому что мне нужно подготовиться к завтрашнему собранию.

_____

4. Удачной деловой поездки.

_____

5. Для сегодняшнего корпоративного ужина я выберу корейский ресторан.

_____

6. Давайте вместе выпьем.

_____

7. Я не могу пить соджу. Я выпью пива.

_____

8. Мне очень понравился сегодняшний корпоративный ужин.

_____

9. Я лучше узнал наших сотрудников.

_____

10. Прошу прощения. Я пойду первым через 20 минут.

_____

Комплексная практика (종합 연습)

Корпоративный ужин

Напишите подходящий речевой оборот в скобках.

대리: 오늘 회식은 1. (_____).

신입사원: 닭갈비를 먹고 싶었는데 잘 되었네요.

대리: 7시까지 춘천닭갈비로 오세요.

신입사원: 네, 알겠습니다.

(회식 자리)

대리: 소주 마실래요?

신입사원: 2. (_____). 괜찮으면, 맥주를 마시고 싶습니다.

대리: 그래요, 그럼, 맥주를 따르고 3. (_____).

신입사원: 네, 알겠습니다.

대리: 오늘 회식 자리에 처음 참석했는데 어때요?

신입사원: 부서원 모두가 환영해 주서서 4. (_____).

Подсказка:

1. Я выберу острого жареного цыпленока в качестве меню для

2. Я не могу пить соджу.

3. Давайте вместе выпьем.

4. У меня было ощущение, что мы все одна семья.

Глава 11

Командировка 출장

● ○ ○

다른 회사 방문하여 회사 소개하기
Посещение другой компании и представление своей
компании

01. ~(으)로 출장을 갑니다. / Собираюсь в командировку в ~.

02. ~(으)로 마중나와 주실 수 있습니까? /
　　Не могли бы вы поехать в ~, чтобы встретить / забрать ~?

03. ~까지 어떻게 가야 합니까? / Как я могу добраться до ~?

04. ~은/는 저희 회사의 주력 상품입니다. /
　　~ основной продукт нашей компании.

05. ~을/를 보내드릴 수 있습니다. / Я могу отправить Вам ~.

06. ~에 대해 협력하기를 바라겠습니다. / Я хочу, чтобы мы сотрудничали в ~.

Речевой оборот для выражения цели и назначения деловой поездки

 Практика речевого оборота

거래처를 방문하러 러시아로 출장을 갑니다. |
Собираюсь в командировку в Россию к клиенту.

계약을 하러 체코로 출장을 갑니다. |
Собираюсь в командировку в Чехию для заключения договора.

해외 지사 일로 출장을 갑니다. |
Собираюсь в командировку по вопросам зарубежного филиала.

일 때문에 한국으로 출장을 갑니다. |
Собираюсь в командировку в Корею по работе.

 Практика Диалога

A: 이번에 어디로 출장을 가십니까? |
　Куда Вы собираетесь в этот раз в командировку?

B: 네, 부장님과 같이 거래처를 방문하러 러시아로 출장을 갑니다. |
　Собираюсь с генеральным менеджером к клиенту в Россию.

A: 러시아로 가면 일정이 길겠습니다. |
　Если Вы поедете в Россию, расписание будет длинным.

B: 네, 모스크바, 카잔, 쌍트뻬테르부르크 등을 방문해야 해서 2주 정도 예상하고 있습니다. |
　Да, мы должны посетить Москву, Казань, Санкт-Петербург, так что я
　рассчитываю, что это займет 2 недели.

A: 잘 다녀오십시오. | Удачной поездки.

Собираюсь в командировку в ~.

 **Шаг вперед**

출장의 사전적 의미는 업무를 수행하기 위하여 어떤 장소로 나가는 것을 말한다. 회사에서 출장은 원활한 업무수행을 위한 하나의 업무 과정이라고 볼 수 있다. 출장은 국내출장과 해외출장으로 나눌 수가 있다. 그리고 국내출장은 시내출장과 시외출장으로 나눌 수 있다. 출장을 갈 때는 출장 계획안을 작성하여 미리 승차권, 숙박지 등을 준비하는 것이 좋다. 교통을 이용하거나 숙박이 필요한 경우에는 회사 내 관련 규정에 따라 적절한 등급의 숙소와 대중교통을 선택하는 것이 좋다. 그리고 지사에 문의하여 현지 사정을 확인하는 것도 좋은 방법이다.

Словарное значение «출장» - это поездка в какое-то место для выполнения своих служебных обязанностей. В компании командировка считается одним из рабочих процессов (업무 과정) для бесперебойной работы (업무수행). Деловые поездки можно разделить на внутренние (국내 출장) и заграничные (해외출장). А командировки внутри по стране можно разделить на внутригородские (시내 출장) и межгородские (시외출장). Желательно заранее составить (작성하다) план деловой поездки (계획안) и подготовить билеты (승차권), проживание (숙박지) и т. д. Общественный транспорт и жилье обычно выбираются (선택하다) в соответствии с классом (등급), определенным в правилах компании (규정). Лучший способ - уточнить местную ситуацию (현지 사정) с транспортом и проживанием у местного филиала компании.

Речевой оборот для просьбы встретить того, кто приехал в командировку

 Практика речевого оборота

공항으로 마중나와 주실 수 있습니까? │
Не могли бы Вы поехать в аэропорт, чтобы встретить клиента?

기차역으로 마중나와 주실 수 있습니까? │
Не могли бы Вы поехать на вокзал, чтобы встретить клиента?

버스터미널로 마중나와 주실 수 있습니까? │
Не могли бы Вы поехать на автовокзал, чтобы встретить клиента?

항구로 마중나와 주실 수 있습니까? │
Не могли бы Вы съездить в морской порт за клиентом?

 Практика Диалога

A: 공항에 언제 도착하십니까? │ Когда Вы прибываете?

B: 오전 11시에 도착합니다. 공항으로 마중나와 주실 수 있습니까? │
  Я прилетаю в 11. Сможете приехать в аэропорт, чтобы забрать меня?

A: 네, 걱정하지 마십시오. 항공편을 알려주세요. │
  Да не волнуйтесь. Скажите, пожалуйста, Ваш номер рейса.

B: 네, 항공명은 OS901입니다. │ Номер рейса OS901.

A: 그럼, 공항에서 뵙겠습니다. │ Хорошо, увидимся в аэропорту.

Не могли бы вы поехать в ~, чтобы встретить / забрать ~?

 Шаг вперед

출장을 가기 전에 출장신청서를 작성하여 담당자로부터 승인을 받아야 한다. 출장신청서에서 작성해야 하는 항목은 출장사유, 경비내역, 출장 장소와 일정, 출장 중 업무대행 등에 대하여 작성을 해야 한다. 출장사유는 출장을 가는 이유와 목적을 쓰면 된다. 경비내역에는 현지 숙박비, 교통비, 식비 등을 작성하면 된다. 보통 출장비는 회사 출장비 규정에 따라 지급이 되기 때문에 경비 지출과 관련하여 증빙 서류를 준비하는 것이 중요하다. 출장 장소와 일정 작성은 방문하는 목적지와 거래처의 담당자 부서와 연락처를 작성하여 다음 출장에 필요한 정보로 활용하는 것도 필요하다. 마지막으로 출장 기간 중에 본인의 업무를 대행할 직원에 대한 정보를 작성해야 한다.

Перед тем, как отправиться в командировку, вам необходимо написать заявление о командировке (출장신청서) и получить одобрение ответственного лица. Заявление должно включать: цель командировки (사유), ожидаемые расходы (경비내역), место и график деловой поездки (출장장소와 일정), план того, как и кто будет выполнять ваши обязанности в компании во время деловой поездки и т.д. (출장 중 업무대행). Что касается цели командировки, вы можете написать причину и задачи командировки. Что касается ожидаемых расходов, вы должны включить местные расходы на проживание, транспорт, питание и т. д. Поскольку командировочные расходы покрываются (지급되다, буквально: оплачиваются) компанией в соответствии с ее внутренними правилами (규정), рекомендуется хранить доказательства (증빙 서류) всех расходов (지출). Что касается места и графика деловой поездки, вы должны указать пункт назначения (방문), контактную информацию ответственного лица в компании-клиенте. Всю эту информацию можно использовать (활용하다) в дальнейших командировках. И, наконец, вы должны составить план того, как и кто будет выполнять ваши обязанности (대행하다) в головном офисе во время вашей деловой поездки.

03 ~까지 어떻게 가야 합니까?

Речевой оборот для вопроса о том, как добраться куда-либо

 Практика речевого оборота

회사까지 어떻게 가야 합니까? │ Как я могу добраться до компании?

공장까지 어떻게 가야 합니까? │ Как я могу добраться до завода?

지점까지 어떻게 가야 합니까? │ Как я могу добраться до филиала?

본사까지 어떻게 가야 합니까? │ Как я могу добраться до головного офиса?

 Практика Диалога

A: 기차역에 도착했습니다. 지점까지 어떻게 가야 합니까? │
Я приехал на вокзал. Как я могу добраться до филиала?

B: 네, 기차역에서 2번 트램을 타면 됩니다. 그리고 마지막 정류장에서 내리시면 됩니다. 제가 정류장에서 기다리고 있겠습니다. │
Сядьте на 2-й трамвай и сойдите на последней станции. Я буду ждать на остановке.

A: 네, 알겠습니다. 시간이 얼마나 걸립니까? │
Понятно. Сколько времени это занимает?

B: 30분쯤 걸립니다. 길이 많이 막히니까 택시보다 트램이 더 편할 겁니다. │
Около 30 минут. Движение загружено, поэтому трамвай будет удобнее такси.

A: 네, 그럼, 이따가 뵙겠습니다. │ Тогда увидимся позже.

Как я могу добраться до ~?

 Шаг вперед

출장을 가게 된다면 알아 두어야 할 비즈니스 예절이 있다. 먼저 복장은 넥타이를 맨 정장을 입는 것이 좋다. 처음에 인사를 할 때는 상대방의 눈을 바라보면서 악수를 하는 것이 좋다. 그리고 소개는 출장 직원 중에서 직위가 가장 높은 사람이 모든 직원을 차례로 소개하면서 악수를 하는 것이 좋다. 출장을 가면 식당에서 같이 식사를 하게 될 경우도 있으니까 그 나라의 음식문화 예절을 미리 확인하고 가는 것도 필요하다. 출장을 갈 때는 한국적 특색이 담긴 작은 기념품을 준비해 가는 것도 다른 나라에서 비즈니스를 하는 데 있어서 좋은 인상을 줄 수 있다.

Есть некоторые правила делового этикета (예절), которые нужно знать, отправляясь в командировку. Во-первых, что касается дресс-кода (복장), желательно носить костюм (정장) с галстуком. Когда вы впервые встречаетесь с человеком, пожмите ему руку, глядя ему в глаза. Обычно человек с высшим положением представляет своих коллег по очереди. Также будут случаи, когда вам придется вместе поужинать в местном ресторане, поэтому лучше заранее проверить культуру питания и этикет (예절) страны. Вы произведете хорошее впечатление (좋은 인상을 주다) на своих коллег, если приготовите небольшие корейские сувениры (기념품).

Речевой оборот для представления продукции компании.

Практика речевого оборота

이 화장품은 저희 회사의 주력 상품입니다.
Этот косметический продукт является основным продуктом нашей компании.

이 스마트폰은 저희 회사의 주력 상품입니다.
Этот смартфон является основным продуктом нашей компании.

이 전자 제품은 저희 회사의 주력 상품입니다.
Это электронное устройство - основная продукция нашей компании.

이 자동차 부품은 저희 회사의 주력 상품입니다.
Эта автомобильная запчасть - основная продукция нашей компании.

이 약품은 저희 회사의 주력 상품입니다.
Это лекарство - основной продукт нашей компании.

Практика Диалога

가: 그 제품을 간략하게 소개해 주세요.
Пожалуйста, представьте этот продукт вкратце.

나: 네, 이 화장품은 저희 회사의 주력 상품입니다. 1년에 1000만 개를 생산하고 있습니다. 그리고 유럽 각 지역에 판매지사도 있습니다.
Этот косметический продукт является основным продуктом нашей компании.
Мы производим 10 млн. штук в год, и у нас есть магазины во всех странах Европы.

가: 규모가 큰 회사이군요. 저희 회사와 같이 손을 잡게 되어 기쁘게 생각합니다.
У Вас большая компания. Рад, что мы решили сотрудничать.

~ основной продукт нашей компании.

나: 네, 앞으로 큰 발전이 있기를 기대하겠습니다.

Да, мы ожидаем большого развития в будущем.

 **Шаг вперед**

대한무역투자진흥공사(KOTRA: Korea Trade-Investment Promotion Agency)의 유럽주요국 화장품 시장 동향 보고서 (Global Market Report 17-016)를 보면, 유럽 각국에서 한국화장품의 인기가 어느 정도인지를 알 수 있다. 예를 들면, 프랑스에서는 기능성, 바이오, 천연 화장품 등이 인기가 많고, 한국의 스킨케어 제품에 관심이 높다. 독일에서는 건조한 날씨로 인해 보습효과가 우수한 제품과 한국 BB (Blemish Balm)크림과 CC (Color Correct or complete correction)크림 수요가 높다. 영국에서는 인공첨가물이 없는 한국화장품 수요가 계속 증가하고 있다. 이탈리아에서는 한국 화장품이 뷰티 블로거를 통한 입소문을 타기 시작하면서 온라인 유통망을 통해 판매되고 있고 마스크팩과 네일 제품이 인기가 많다. 그리고 다른 나라에서도 K-pop 인기에 힘입어 한국화장품의 판매실적이 매년 크게 증가하고 있다.

Если вы посмотрите на отчет (동향 보고서) о европейском косметическом рынке (Доклад о глобальном рынке 17-016), подготовленный KOTRA (Корейское агентство по содействию торговле и инвестициям, 대한무역투자진흥공사), вы увидите, насколько популярна корейская косметика в европейских странах. Например, во Франции очень популярна функциональная био-натуральная косметика (천연 화장품), и есть большой интерес (관심) к корейским средствам по уходу за кожей. В Германии из-за засушливого климата существует высокий спрос (수요) на косметические средства, а также на корейские кремы BB (Blemish Balm) и CC (Color Correct or Complete Correction) кремы. В Англии постоянно растет (수요가 계속 증가하고 있다) спрос на корейскую косметику без синтетических компонентов. В Италии корейская косметика стала популярной благодаря сарафанному радио (입소문), после того, как один бьюти-блогер сделал о ней отзыв. Сейчас существует дистрибьюторская онлайн-сеть (유통망) для продажи косметики, и самые популярные товары - это маски и средства для ногтей. В других странах продажи (판매실적) корейской косметики с каждым годом растут, частично из-за популярности K-pop музыки.

Речевой оборот, используемый при отправке списка товаров, образцов и т.д.

 Практика речевого оборота

우선 제품 목록을 보내드릴 수 있습니다.
Для начала, я могу отправить Вам список наших товаров.

우선 샘플을 보내드릴 수 있습니다.
Для начала, я могу отправить Вам наши образцы.

견적서를 보내드릴 수 있습니다. | Я могу отправить Вам проформу-инвойс.

신제품 개발 현황서를 보내드릴 수 있습니다.
Я могу отправить Вам отчет о состоянии разработки нового продукта.

 Практика Диалога

가: 혹시 제품 목록이 있습니까? | У Вас есть список товаров?

나: 네, 있습니다. 세부 목록은 내일까지 보내드릴 수 있습니다.
　　Да, я могу отправить Вам подробный список продукции до завтра.

가: 그러면, 내일까지 부탁드리겠습니다. | Да пожалуйста, отправьте до завтра.

나: 알겠습니다. 빨리 보내드리겠습니다. | Понял, отправлю как можно скорее.

Я могу отправить Вам ~.

 **Шаг вперед**

해외출장 중에 현지인과 만나 이야기를 하거나 식사를 할 때 주의해야할 몸짓언어(body language)와 손짓(gesture)들이 있다. 미국으로 출장을 갈 경우에는 처음에 악수를 할 때 상대방의 눈을 봐야 한다. 눈을 마주치지 않고 다른 곳을 보게 되면 실례가 된다. 베트남에서는 식사를 할 때 대접하는 차를 거부하게 되면 무례한 행동이 된다. 영국에서는 손등을 상대방으로 향하게 하고 V자를 하는 손짓은 모욕적인 의미를 가지고 있다. 특히, 영국에서는 사진을 찍을 때 이 손짓을 하게 되면 상대방에게 욕을 먹을 수도 있다. 브라질에서는 손가락으로 원을 그리는 몸짓언어를 사용하면 안 된다. 한국에서는 이것이 돈이나 긍정의 의미로 사용되지만 브라질에서는 모욕적인 의미로 사용된다.

Есть определенный язык тела (몸짓언어) и жесты (손짓), о которых вам следует помнить, разговаривая или принимая пищу вместе с местными жителями во время деловой поездки. В Америке при рукопожатии нужно смотреть в глаза. Грубым тоном (실례) является смотреть не в глаза, а в какую-нибудь другую сторону. Во Вьетнаме неуважительно (무례한 행동) отказываться от чая, подаваемого (대접하다) во время еды. Показывать знак «V» пальцами тыльной стороной ладони к партнеру в Англии имеет оскорбительное (모욕적인) значение. Особенно вас могут раскритиковать (욕을 먹다), если вы показываете этот знак, когда делаете снимок. В Бразилии не следует использовать жесты, показывающие круг большим и указательным пальцами. В Корее это слово означает деньги или утверждение (긍정), но в Бразилии оно имеет оскорбительное значение.

~에 대해 협력하기를 바라겠습니다.

Речевой оборот для выражения желания сотрудничества

 Практика речевого оборота

미래에 자동차 부품에 대해 협력하기를 바라겠습니다.
Я хочу, чтобы мы и в будущем сотрудничали в области автомобильных запчастей.

이 프로젝트에 대해 협력하기를 바라겠습니다.
Я хочу, чтобы мы вместе работали над этим проектом.

공장 건설에 대해 협력하기를 바라겠습니다.
Я хочу, чтобы мы вместе строили завод.

법인 설립에 대해 협력하기를 바라겠습니다.
Я хочу, чтобы мы сотрудничали в создании компании.

 Практика Диалога

A: 앞으로 같이 일하게 되어 기쁩니다. │ Я рад, что мы будем работать вместе.

B: 먼저, 해외 지사 법인 설립에 대해 협력하기를 바라겠습니다. │
Во-первых, я хочу, чтобы мы сотрудничали в создании иностранного филиала компании.

A: 걱정하지 마십시오. 우리 회사는 이미 표준제품생산 인증을 받았습니다. │
Не волнуйтесь. Наша компания уже получила сертификат соответствия.

B: 앞으로 잘 부탁드리겠습니다. │ Надеюсь на Ваше любезное сотрудничество.

Я хочу, чтобы мы сотрудничали в~.

 **Шаг вперед**

유럽에서 규정하고 있는 일반적인 법인 회사에는 투자자가 회사의 모든 책임을 갖는 합명회사(Unlimited Partnership), 회사 구성원들도 회사에 책임을 갖는 합자회사 (Limited Partnership), 회사 구성원의 투자 자금으로 등록이 되는 유한책임회사 (Limited Liability Company), 대기업이 주로 설립하는 주식회사 (Joint Stock Company), 협동조합 (Cooperatives) 및 유럽연합 내 특수한 형태의 법인인 유럽회사 (European Company), 유럽경제투자그룹 (European Economic Interest Grouping), 유럽협동사회 (European Cooperative Society) 등이 있다.

В Европе существуют разные виды компаний: партнерство с неограниченной ответственностью (합명회사), в котором как минимум два партнера участвуют в его деловой деятельности или в управлении его активами и несут солидарную ответственность за его долги, ограниченное партнерство (합자회사), который состоит из генерального партнера, который управляет бизнесом и имеет неограниченную личную ответственность по долгам и обязательствам ограниченного партнерства, и ог раниченного партнера, который имеет ограниченную ответственность, но не может участвовать в управлении, партнерство с ограниченной ответственностью (유한책임회사), в которой партнеры несут ответственность в пределах суммы, которую они инвестировали, акционерное общество (주식회사), что является обычной формой для крупных корпораций, кооперативов (협동조합) и других видов компаний, характерных для Европейского союза, например: Европейская Компания (유럽 회사), Европейское объединение с экономической целью (유럽경제투자그룹), Европейское кооперативное общество (유럽협동사회) и т.д.

단어(Словари)

11과에서 배운 중요 단어 확인하기(Проверка основного словарного запаса из Главы 11)

📝 Напишите правильное значение следующих слов.

1. 방문 _____
2. 예상 _____
3. 유통망 _____
4. 항공편 _____
5. 공장 _____
6. 지점 _____
7. 마중 _____
8. 약품 _____
9. 생산 _____
10. 예절 _____

📝 Подберите слова с одинаковым значением.

1. подробный   • 편하다
2. развиваться / развитый   • 유명하다
3. юридическое лицо   • 발전하다
4. сотрудничать   • 기대하다
5. текущая ситуация   • 세부
6. ожидать   • 건설
7. комфортный / удобный   • 협력
8. сотрудничество   • 법인
9. строительство   • 현황
10. известный   • 손을 잡다

문장(Приговор)

▶▶▶▶▶▶▶▶▶

11과에서 배운 중요 문형 표현을 문장으로 쓰고 말하기

(Переведите предложения, используя речевые обороты, изученные в Главе 11)

Речевые обороты

1. Собираюсь в командировку в Корею.

2. Не могли бы Вы приехать в аэропорт, чтобы забрать [меня / кого-нибудь]?

3. Скажите мне номер Вашего рейса.

4. Как я могу добраться до компании?

5. Сколько времени это занимает?

6. Наша компания известна автоматизированной производственной линией.

7. Я рад нашему сотрудничеству.

8. Я отправлю Вам сразу.

9. Я хочу, чтобы мы сотрудничали в строительстве завода.

10. Надеюсь на Ваше любезное сотрудничество.

Комплексная практика (종합 연습)

Командировка

Напишите подходящий речевой оборот в скобках.

대리: 최 과장님, 다음 주에 부장님과 1. (_____).

거래처: 다음주 언제쯤 출발하실 예정입니까?

대리: 월요일 오전에 출발할 겁니다. 혹시 2. (_____)?

거래처: 네, 마중나가겠습니다. 3. (_____)?

대리: 화요일 오후 3시 도착 예정입니다. 항공편은 RUS2020입니다.

거래처: 네, 알겠습니다. 그럼, 화요일에 공항에서 뵙겠습니다.

   4. (_____).

대리: 네, 오늘 제품 목록을 이메일로 보내드리고 출장 갈 때 신상품 목록을
   가져 가겠습니다.

거래처: 네, 알겠습니다. 다음주에 뵙겠습니다.

Подсказка:

1. Мы отправимся в командировку, чтобы познакомиться с Вашей компанией
   и подписать договор.

2. Не могли бы Вы приехать в аэропорт и встретить нас?

3. Не могли бы Вы назвать номер Вашего рейса?

4. Не могли бы Вы взять с собой и список товаров?

Глава 12

Отпуск 휴가

● ○ ○

휴가 신청하기
Заявление на отпуск

01. ~을/를 ~아/어/여도 될까요? / Могу ли я ~?

02. ~때문에 ~ 휴가를 냈습니다. / Я взял отпуск из-за ~.

03. ~아/어/여서 ~을/를 내기로 했습니다. / Я решил взять ~ из-за ~.

04. ~을/를 하고/한 후에 제출하겠습니다. /
   Я ~ и подам [заявление] / После того, как ~ я подам [заявление].

~을/를 ~아/어/여도 될까요?

▶▶▶▶▶▶▶▶▶

Речевой оборот, используемый для получения разрешения выйти в отпуск

Практика речевого оборота

내일 반차를 신청해도 될까요?
Могу ли я подать заявление на полудневный отгул завтра?

금요일에 경조 휴가를 신청해도 될까요?
Могу ли я подать заявку на отгул по семейным обстоятельствам (буквально: событие поздравления / соболезнования) в пятницу?

내일 병가를 신청해도 될까요?
Могу я подать заявление, чтобы взять завтра больничный?

연차 휴가를 신청해도 될까요? │ Могу ли я подать заявление на отпуск?

다음 달부터 육아 휴직을 신청해도 될까요?
Могу ли я подать заявление на декретный отпуск со следующего месяца?

Практика Диалога

A: 이틀 동안 연장 근무를 하였습니다. 보상 휴가를 신청해도 될까요?
Два дня я работал сверхурочно. Могу ли я подать заявление на компенсационный отпуск?

B: 네, 보상 휴가를 신청해도 됩니다.
Да, вы можете подать заявление на компенсационный отпуск.

A: 그럼, 내일 보상 휴가를 신청하겠습니다. │ Тогда я подам заявление завтра.

B: 알겠습니다. 그럼, 연장근무 확인서를 제출하세요.
Хорошо, тогда, пожалуйста, отправьте подтверждение сверхурочной работы.

Могу ли я ~?

 Шаг вперед

시간외 근로수당 (overtime work allowance)은 연장근로, 휴일근로, 야간근로에 대해 지급하는 수당을 말한다. 보통 한국 회사에서 수당을 지급할 때는 근로기준법 53조(Article 53 of the Labor Standards Act)에 명시되어 있는 규정을 따라야 한다. 연장근무 수당은 근로계약서에 정해진 일정 근로시간 이상 근무할 경우에 지급하는 수당이다. 휴일근로 수당은 근무 의무일이 아닌 휴일에 근무할 경우에 지급하는 수당이다. 야간근로 수당은 밤 10시부터 오전 6시 사이의 근무에 대하여 지급하는 수당이다.

Надбавка за сверхурочную работу (시간외 근로수당) - это надбавка, выплачиваемая за сверхурочную работу (연장근로) в выходные дни (휴일근로) и в ночное время (야간근로). Корейские компании должны соблюдать статью 53 Закона о трудовых стандартах (근로기준법) при выплате (지급하다) пособий и надбавок. Надбавка за длительную работу (연장근무 수당) - это надбавка за работу сверх срока, установленного в контракте. Надбавка за работу в выходные дни (휴일근로 수당) - это надбавка, выплачиваемая за работу в выходные дни, когда нет обязанности работать в эти дни (근무 의무일이 아니다). Надбавка за работу в ночное время (야간근로) - это надбавка за работу с 10 часов вечера до 6 часов утра.

Речевой оборот для объяснения причины ухода в отпуск

(используется для обозначения прошлого, с отрицательной коннотацией)

 Практика речевого оборота

휴일 근무 **때문에** 보상 휴가를 냈습니다.

Я взял компенсационный отпуск из-за работы на выходных.

병원 치료 **때문에** 연차 휴가를 냈습니다.

Я взял ежегодный отпуск, потому что мне нужно было пройти лечение в больнице.

빙부상 **때문에** 경조 휴가를 냈습니다.

Я взял отпуск по семейным обстоятельствам, потому что мой тесть скончался.

모친상 **때문에** 경조 휴가를 냈습니다.

Я взял отпуск по семейным обстоятельствам, потому что моя мама скончалась.

 Практика Диалога

A: 김 대리, 오빠 결혼식이 언제라고 했죠?

Когда свадьба у твоего брата, говоришь?

B: 이번주 토요일입니다. 그래서 경조 휴가를 냈습니다.

В эту субботу. Поэтому я взяла отпуск по семейным обстоятельствам.

A: 정말 축하합니다. 가족과 즐거운 추억을 만드세요.

Поздравляю. Надеюсь, вы приятно проведёте время (буквально: создать приятные воспоминания) вместе с семьей.

B: 고맙습니다, 과장님. Спасибо, менеджер.

Я взял отпуск из-за ~.

Шаг вперед

근로기준법 제 43조에 따라 한국 회사에서 낼 수 있는 경조휴가 규정은 다음과 같다. 먼저, 직원 본인이 결혼할 경우에는 일요일을 제외하고 5일 동안의 휴가를 받을 수 있다. 그리고 직원 자녀 결혼은 일요일을 제외하고, 형제·자매 결혼은 일요일을 포함하여 1일의 휴가를 받을 수가 있다. 부모 및 배우자의 사망은 일요일을 제외하고 4일 동안의 휴가를 받을 수 있고, 배우자 부모가 사망했을 경우에는 일요일을 제외하고 3일 동안의 휴가를 사용할 수가 있다. 그리고 조부모가 사망했을 경우에는 일요일을 포함하여 3일 동안의 휴가를 사용할 수 있다.

Положения о семейных праздниках (경조휴가) изложены (명시되다) в статье 43 Закона Республики Корея о трудовых стандартах. Во-первых, если сотрудник сам выходит замуж или женится, он / она может использовать 5 выходных, не считая (제외하다) воскресенья. Если это свадьба детей сотрудника - 1 выходной, не считая воскресенья. Если это свадьба брата или сестры сотрудника (형제·자매) - 1 выходной, включая воскресенье. В случае смерти супруга или родителей сотрудника (사망) можно использовать 4 дня, не считая воскресенья. В случае, если родители супруга сотрудника скончались, - 3 выходных дня, не считая воскресенья. Если дедушка и бабушка (조부모) ушли из жизни - 3 дня, включая воскресенье.

Речевой оборот для объяснения причины ухода в отпуск

(используется как в положительном, так и в отрицательном смысле)

 Практика речевого оборота

다음주에 결혼을 해서 휴가를 내기로 했습니다. |

Я решила взять отпуск, потому что на следующей неделе выхожу замуж.

집안 어르신이 돌아가셔서 휴가를 내기로 했습니다. |

Я решил взять отпуск, потому что старший в нашей семье скончался.

내일 중요한 시험이 있어서 반차를 내기로 했습니다. |

Я решил взять выходной на полдня, потому что завтра у меня важный экзамен.

병원에서 검사를 받아야 해서 병가를 내기로 했습니다. |

Я решила взять больничный для прохождения медицинского осмотра.

 Практика Диалога

A: 괜찮으세요? 많이 피곤해 보입니다. |

С Вами все в порядке? Вы выглядите очень усталым.

B: 네, 몸이 좀 안 좋아서 병가를 내기로 했습니다. |

Да, я плохо себя чувствую, поэтому решила взять больничный.

A: 병원에서 자세하게 검사를 받아보세요. |

Пройдите подробный медицинский осмотр в больнице.

B: 네, 검사 받으러 내일 병원에 갈 겁니다. |

Да, завтра пойду в больницу на медосмотр.

Я решил взять ~ из-за ~.

 Шаг вперед

유럽에 있는 회사의 유급휴가일수는 보통 25일에서 30일 정도이다. 이 유급휴가에는 법정 공휴일은 포함되지 않는다. 회사의 휴가일수가 많을뿐만 아니라 연속으로 2주일이상을 사용할 수도 있다. 예를 들면, 프랑스와 스페인은 30일, 독일과 영국은 28일, 오스트리아, 스위스, 네덜란드 등은 25일, 폴란드는 26일의 휴가일을 사용하고 있다. 이와 비교하면 한국 회사는 근로기준법에 1년이상 근무한 직원은 15일의 휴가를 사용할 수 있다고 명시되어 있다.

Европейские компании обычно предоставляют около 25-30 дней оплачиваемого отпуска (유급 휴가 일수). Это число не включает официальные праздники, установленные законом (법정공휴일). И не только европейские компании предоставляют большое количество отпускных дней: сотрудники могут брать более двух недель подряд (연속으로) за раз. Например, количество дней отпуска во Франции и Испании составляет 30 дней, в Германии и Великобритании - 28, в Австрии, Швейцарии и Нидерландах - 25 дней, в Польше - 26. Для сравнения, в корейском Законе о трудовых стандартах указано (명시되다), что для работника, проработавшего более года, ежегодный отпуск составляет 15 дней.

04 ~ 을/를 하고/한 후에 제출하겠습니다.

▶▶▶▶▶▶▶▶▶

Речевой оборот для подачи заявления на отпуск.

 Практика речевого оборота

휴가 규정을 확인하고 휴가 신청서를 제출하겠습니다.
Я проверю регламент и подам заявление на отпуск.

휴가 중 직무 대행자를 선임하고 휴가 신청서를 제출하겠습니다.
Я назначу человека для моей замены и подам заявление на отпуск.

휴가 신청 사유를 작성하고 휴가 신청서를 제출하겠습니다.
Я напишу причину и подам заявление на отпуск.

부서장의 결재를 받은 후에 휴가 신청서를 제출하겠습니다.
После получения разрешения начальника отдела подам заявление на отпуск.

 Практика Диалога

A: 다음주에 연차 휴가를 사용하려고 합니다.
Я собираюсь взять отпуск на следующей неделе.

B: 휴가 신청서를 작성해서 주세요. 그리고 부장님의 승인을 받으세요.
Подайте заявку и получите одобрение генерального менеджера.

A: 네, 부장님의 결재를 받은 후에 신청서를 제출하겠습니다.
Да, я подам заявку после получения одобрения генерального менеджера.

B: 부장님이 다음달에 출장을 가시니까 미리 준비하세요.
Подготовьтесь заранее, потому что в следующем месяце генеральный менеджер
отправляется в командировку.

A: 네, 알겠습니다. Да, я понял.

Я ~ и подам [заявление] / После того, как ~ я подам [заявление].

 **Шаг вперед**

외국인 직원이 한국기업에서 근무를 하면서 기업문화의 차이를 느끼게 되는 경우가 있다. 이것은 한국기업의 규정이나 시스템의 차이에서 느끼게 되는 한국기업 특유의 조직문화에서 오는 경우가 많다. 그리고 한국직원과 외국직원이 살아온 환경, 역사, 문화가 다름으로 인해 발생하는 경우가 많다. 외국직원에게 한국기업의 조직문화만을 강요한다거나 외국직원이기 때문에 한국 직장문화가 다르다는 것을 인정하지 않으려고 한다면 한국회사에서 일하는 것은 본인뿐만 아니라 회사의 발전에도 도움이 되지 않을 것이다. 직장문화가 서로 다른 것을 인정하고 한국기업의 직장문화를 함께 만드는 것이 본인과 회사 발전을 위하여 필요할 것이다.

Работая в корейской компании, иностранец часто может чувствовать разницу корпоративных культур. В большинстве случаев уникальность корейской корпоративной культуры (조직문화) можно почувствовать в ее отличительной (차이, буквально: разница) корпоративной системе и внутренних правилах (규정) компании. Также отличаются условия, в которых выросли (살아온 환경) иностранцы и корейцы, их история (역사) и культура (문화). Иностранец должен понимать и не должен думать, что корейская корпоративная культура сильно навязывается иностранным сотрудникам только потому, что это корейская компания, или, только потому что Вы иностранец, для Вас нормально не принимать различия в корпоративной культуре. В противном случае работа в корейской компании не поможет ни личному развитию (발전), ни развитию компании. Важно признать (인정하다) различия и вместе участвовать в формировании корейской корпоративной культуры, что будет способствовать развитию (발전) как сотрудника, так и компании.

단어(Словари)

12과에서 배운 중요 단어 확인하기(Проверка основного словарного запаса из Главы 12)

Напишите правильное значение следующих слов.

1. 육아 _____
2. 휴직 _____
3. 경조 _____
4. 반차 _____
5. 병가 _____
6. 연차 _____
7. 보상 _____
8. 휴일 _____
9. 추억 _____
10. 검사 _____

Подберите слова с одинаковым значением.

1. регламент / правила
2. замена
3. начальник отдела
4. назначить / выбрать
5. уйти из жизни / скончаться
6. написать
7. причина
8. семья / дом
9. работа / обязанности
10. старшие

- 집안
- 어르신
- 돌아가시다
- 규정
- 직무
- 대행자
- 선임
- 사유
- 부서장
- 작성하다

12과에서 배운 중요 문형 표현을 문장으로 쓰고 말하기

(Переведите предложения, используя речевые обороты, изученные в Главе 12)

Речевые обороты

1. Могу ли я подать заявление на компенсационный отпуск?

2. Отправьте подтверждение о сверхурочной работе.

3. Я взял отпуск из-за свадьбы моего младшего брата / сестры.

4. Надеюсь, Вы приятно проведете время с семьей.

5. Я решил взять больничный, потому что чувствую себя плохо.

6. Завтра пойду в больницу, чтобы пройти медицинское обследование.

7. Напишите причину и подайте изаявление на отпуск.

8. Генеральный менеджер находится в командировке.

9. Вы выглядите усталым.

10. Два дня я работал сверхурочно.

Комплексная практика (종합 연습)

▶▶▶▶▶▶▶▶▶▶

Заявление на отпуск

🖰 **Напишите подходящий речевой оборот в скобках.**

대리: 많이 1. (＿＿＿＿＿＿). 괜찮으세요?

신입사원: 지난 주에 야근을 해서 감기에 걸렸습니다.

대리: 병원에 가서 진료를 받아 보세요.

신입사원: 네, 그래서 2. (＿＿＿＿＿＿).

대리: 병원 예약은 했어요? 언제쯤 갈 거예요?

신입사원: 네, 다음주 화요일로 예약했습니다.

대리: 빨리 진료를 받는 게 좋겠어요.

　　　　내일이 금요일이니까 3. (＿＿＿＿＿＿).

신입사원: 네, 금요일에 4. (＿＿＿＿＿＿).

대리: 건강 잘 챙기세요.

Подсказка:

1. Вы выглядите (очень) уставшим.

2. Я решил взять больничный.

3. После лечения в больнице хорошо отдохните.

4. Я проверю, можно ли назначить прием (в пятницу).

Приложение
부록

Глава. 01

정답 (Правильные ответы)

Задание 1

Напишите правильное значение следующих слов

1. 전공	специальность
2. 본사	головной офис
3. 지사 (지점)	филиал
4. 인사부 (팀)	отдел кадров
5. 총무부	административный отдел
6. 연봉	годовая зарплата
7. 복지	социальная помощь
8. 급여	зарплата
9. 근무 시간	рабочее время
10. 지원	поддержка

Подберите слова с одинаковым значением

1. Филиал	• 지사
2. Льготы / привелегии	• 혜택
3. Отдел зарубежных продаж	• 해외사업부
4. Торговая компания	• 무역회사
5. Администрирование	• 관리
6. Культурный центр	• 문화원
7. Стоимость проживания	• 숙박비
8. Стоимость авиабилета	• 항공료
9. Непрерывная занятость	• 근속
10. Платный	• 유급

Задание 2

Речевые обороты

1. 제 이름은 라지즈입니다.

2. 저는 P대학교에서 한국어학을 전공했습니다.

3. 대학교에서 무엇을 전공했습니까?

4. 한국회사에서 일한 적이 있습니까?

5. 얼마동안 회사에서 일했습니까?

6. 저는 총무부(팀)에서 일하고 싶습니다.

7. 직원 혜택에 대하여 물어봐도 될까요?

8. 회사 휴가제도에 대하여 알고 싶습니다.

9. 도움이 필요하면 언제든지 이야기하세요.

10. 근무시간은 어떻게 됩니까?

Комплексная практика

1. 제 이름은 레나르입니다.

2. H회사에 지원했습니다.

3. 부서에 대해 말해주세요.

4. 회사 근무시간에 대해 질문해도 될까요?

5. 한 가지 더 여쭤봐도 될까요?

6. 친절한 안내 고맙습니다.

Задание 1

Напишите правильное значение следующих слов.

1. 지원[하다]	подать [заявку]
2. 역할	роль
3. 책임	ответственность
4. 경력	опыт работы
5. 제품	продукт
6. 경험	опыт
7. 장점	преимущество / плюс
8. 관리자	администратор
9. 전문가	специалист
10. 최선	лучшее

Подберите слова с одинаковым значением.

1. продвижение	• 승진 (진급)
2. атмосфера	• 분위기
3. цель	• 목표
4. концентрация	• 집중력
5. начальник отдела	• 부서장
6. мнение	• 의견
7. период	• 기간
8. слабость / недостаток	• 단점
9. шанс / возможность	• 기회
10. оптимистичный	• 긍정적

Задание 2

Речевые обороты

1. 영업부에 지원한 라지즈입니다.

2. 저는 부서의 책임자가 되고 싶습니다.

3. 본인의 최종 목표는 무엇입니까?

4. 우리 부서에서 무슨 업무를 맡고 싶습니까?

5. 부서를 책임지는 과장이 되고 싶습니다.

6. 저의 가장 큰 장점은 긍정적인 성격입니다.

7. 저의 목표는 이 분야에서 전문가가 되는 것입니다.

8. 앞으로 어떤 계획이 있습니까?

9. 저에게 면접 기회를 주셔서 고맙습니다.

10. A회사에서 일할 수 있는 기회가 주어진다면 최선을 다하겠습니다.

Комплексная практика

1. 영업부서에 지원한 모니카입니다.

2. 전공이 무엇입니까?

3. A회사에 지원한 동기는 무엇입니까?

4. 한국회사에서 일한 경험이 있습니까?

5. 장점에 대해 말해 보세요.

6. 일할 수 있는 기회를 주신다면 최선을 다해 일하겠습니다.

Глава. 03

정답 (Правильные ответы)

Задание 1

Напишите правильное значение следующих слов.

1. 수당 — доплата / надбавка
2. 승진 — повышение
3. 연장근무 — сверхурочная работа
4. 출장 — командировка
5. 거래처 — клиент
6. 배웅 — проводы [уезжающих]
7. 참석 — участвовать
8. 교통사고 — автомобильная авария
9. 죽다 (돌아가시다) — умереть / скончаться
10. 보고 — отчет

Подберите слова с одинаковым значением.

1. Что-то срочное — • 급한 일
2. Отчет — • 보고서
3. Клиент — • 거래처
4. Повестка дня — • 의제
5. Разговор (лицом к лицу) — • 면담
6. Продукт — • 제품
7. Написание — • 작성
8. Отсутствие (на работе) — • 결근
9. Отговорка / предлог — • 핑계
10. Отправка [товара] — • 배송

Речевые обороты

1. 영업부 근무시간은 오전 9시부터 오후 5시까지입니다.

2. 일이 많을 때는 어떻게 합니까?

3. 실례지만, 내일 출장 때문에 먼저 퇴근하겠습니다.

4. 화요일까지 이 일을 마무리해 주세요.

5. 아침에 중요한 회의가 있으니까 내일 일찍 출근해 주세요.

6. 부서의 모든 직원이 참석할 거예요.

7. 어제 갑자기 교통사고가 나서 결근했어요.

8. 어제 왜 결근했습니까?

9. 보고서가 늦어져서 죄송합니다.

10. 늦어도 목요일까지는 보고서를 준비하겠습니다.

1. 중요한 회의가 있으니까 일찍 출근하세요.

2. 회의 준비를 해야 하니까 8시까지 출근해야 합니다.

3. 늦어서 죄송합니다.

4. 갑자기 교통사고가 나서 늦었습니다.

Задание 1

Напишите правильное значение следующих слов.

1. 자료	материал / документ
2. 계획서	план
3. 출력	печать
4. 발표	презентация
5. 참고	ссылка
6. 회의록	протокол собрания
7. 제출	отправить
8. 결재	авторизация / одобрение
9. 환영	принимать / приветствовать
10. 회식	корпоративный ужин

Подберите слова с одинаковым значением.

1. Шредер · 파쇄기

2. Младший сотрудни · 후임

3. Многофункциональная комната / офисная кухня

· 다용도실

4. Доска объявлений · 게시판

5. Доброта · 친절

6. Приемная / офис секретаря · 비서실

7. Экскурсия · 안내

8. Старший сотрудник · 선임

9. Отдел по связям с общественностью · 홍보실

10. Интерес · 관심

Речевые обороты

1. 언제까지 회의자료를 출력해야 될까요?

2. 회의 참가자가 모두 몇 명인지 아세요?

3. 이 보고서를 언제까지 제출해야 하나요?

4. 중요한 보고서이니까 내일까지 체출하세요.

5. 비서실은 어디에 있습니까?

6. 홍보실은 어디에 있습니까?

7. 이메일 회신에 감사합니다.

8. 모든 부서에 알려야 합니까?

9. 제품에 대한 관심에 고맙습니다.

10. 회사를 위하여 최선을 다하겠습니다.

1. 회의 안건을 회사 게시판에 공지하세요.

2. 회사 게시판 프로그램 사용 방법을 가르쳐주시면 고맙겠습니다.

3. 회의 장소는 결정이 되었나요?

4. 중요한 회의니까 내가 먼저 게시판에 알릴게요.

Задание 1

Напишите правильное значение следующих слов.

1. 회의실 — конференц-зал
2. 영업이익 — операционная прибыль
3. 메시지 — сообщение
4. 공지 — уведомление
5. 참석 여부 — участвовать или нет
6. 안건 — вопрос (в повестке дня)
7. 담당자 — ответственное лицо
8. 성함 — имя (уважительная форма)
9. 연락처 — контактная информация
10. 방금 — только сейчас / минуту назад

Подберите слова с одинаковым значением.

1. оставить (сообщение) — • 남기다
2. дата и время — • 일시
3. процесс (работы) — • 진행 상황
4. продукт — • 제품
5. клиент — • 거래처
6. работа вне офиса — • 외근
7. брошюра — • 설명서
8. график — • 일정
9. разговор по телефону — • 통화
10. цель / вопрос (звонка) — • 용건

Речевые обороты

<table>
<tr><td>**Задание 2**</td><td>

1. 일정을 말씀드리려고 전화드렸습니다.

2. 제품 설명서를 받았는지 확인하려고 전화드렸습니다.

3. 김 대리와 통화할 수 있을까요?

4. 지금 자리에 안 계십니다.

5. 무슨 일로 전화하셨습니까?

6. 언제 통화할 수 있을까요?

7. 연락처를 남기시겠습니까?

8. 회의 장소를 다시 말씀해주시겠습니까?

9. 참석자가 10명이라고 전해주시겠습니까?

10. 참석 여부를 다시 한번 확인하고 싶습니다.

</td></tr>
<tr><td>**Комплексная практика**</td><td>

1. 박 과장님과 통화할 수 있을까요?

2. 외근 중이십니다.

3. 메시지를 남기시겠습니까?

4. 전화했다고 전해주시겠습니까?

5. 시간을 다시 말씀해 주시겠습니까?

6. 그렇게 전하겠습니다.

</td></tr>
</table>

Глава. 06

정답 (Правильные ответы)

Задание 1

Напишите правильное значение следующих слов.

1. 발송 — отправка
2. 보고 — отчет
3. 수신 — получатель / адресат
4. 수량 — количество
5. 신상품 — новый продукт
6. 전시회 — выставка
7. 회신 — ответ (по электронной почте)
8. 견적서 — проформа-инвойс
9. 지원서 — заявление
10. 이력서 — резюме

Подберите слова с одинаковым значением.

1. см. / копия — • 참조
2. сотрудники отдела — • 부서원
3. секретарь — • 비서
4. вложение — • 첨부
5. звонить / контактировать — • 연락하다
6. быть здоровым — • 건승하다
7. перемещаться — • 이동하다
8. находиться вне офиса — • 부재 중
9. центр обслуживания клиентов — • 고객센터
10. протокол встречи — • 의록

Задание 2

Речевые обороты

1. 일정을 확인하려고 이메일을 씁니다.

2. 확인 후에 바로 연락드리겠습니다.

3. 이메일 수신 여부에 대해 문의드립니다.

4. 내일 오전에 다신 연락드리겠습니다.

5. 어떤 서류를 준비해야 합니까?

6. 지원서와 이력서를 보내주십시오.

7. 이메일을 보낼 때 김 대리도 참조로 넣어주세요.

8. 제품 목록을 첨부합니다.

9. 연락처는 다음과 같습니다.

10. 부재중에는 제 비서에게 연락주십시오.

Комплексная практика

1. 이메일을 보냈는데 회신이 없습니다.

2. 이메일을 보낼 때 저도 참조로 넣어주세요.

3. 담당자가 부재중이어서 김 과장님이 회신을 주었습니다.

4. 김 과장님 회신을 전달해 주세요.

Задание 1

Напишите правильное значение следующих слов.

1. 식품   еда
2. 의약품   лекарство
3. 승인   одобрение / разрешение
4. 인증   сертификация
5. 절차   процедура
6. 마무리   закончить
7. 결재   авторизация
8. 제출   сдача
9. 수당   доплата / надбавка
10. 마감일   срок

Подберите слова с одинаковым значением.

1. не позднее   • 늦어도
2. специальный   • 특별
3. ошибка   • 실수
4. преимущество / плюс   • 장점
5. в любое время   • 언제든
6. неправильный   • 틀리다
7. (делать) все возможное   • 최선
8. проверить / подтвердить   • 확인
9. подчеркивающая линия   • 밑줄
10. вопрос   • 질문

Задание 2

Речевые обороты

1. 보고서는 잘 되어가고 있습니까?

2. 인증 준비는 잘 되어가고 있습니까?

3. 이번주까지 끝낼 수 있을 겁니다.

4. 다음주 월요일까지 보고서를 마무리하겠습니다.

5. 늦어도 오후까지 제출해 주세요.

6. 주문 확인에 관한 결재 부탁드립니다.

7. 일정을 다시 한번 확인하겠습니다.

8. 이해가 안 되거나 질문이 있으면 언제든지 질문하세요.

9. 마감일을 다시 한번 확인하겠습니다.

10. 확인 후에 바로 연락드리겠습니다.

Комплексная практика

1. 보고서는 잘 진행되고 있습니까?

2. 늦어도 오후까지 제출해 주세요.

3. 오후까지 마무리하겠습니다.

4. 수량도 다시 한번 확인하세요.

Глава. 08

정답 (Правильные ответы)

Задание 1

Напишите правильное значение следующих слов.

1. 판매   продажа
2. 예산   бюджет
3. 논의   обсуждение
4. 요약본   резюме / конспект / краткое содержание
5. 전략   стратегия
6. 전반기   первое полугодие
7. 동의   согласие
8. 퇴근   закончить работу / пойти домой с работы
9. 예정   ожидается
10. 제안   предложение

Подберите слова с одинаковым значением.

1. в первую очередь / сначала   • 먼저
2. сказать (уважительная форма)   • 말씀하다
3. закончить   • 마치다
4. стратегия   • 전략
5. проблема   • 문제
6. предлагать   • 제안하다
7. собираться   • 모이다
8. решение   • 해결
9. закончиться   • 끝나다
10. назначить дату   • 날짜를 정하다

Задание 2	**Речевые обороты**

1. 판매 계획을 논의하려고 오늘 모였습니다.

2. 이어서 계속 이야기를 하겠습니다.

3. 오늘 이야기할 안 건이 두 개 있습니다.

4. 여러분이 동의하시면 그렇게 하겠습니다.

5. 점심시간 전까지 회의를 마칠 예정입니다.

6. 회의가 언제쯤 끝날까요?

7. 회의 후에 같이 점심식사를 할까요?

8. 이 문제에 대해 어떻게 생각하십니까?

9. 끝나기 전에 하실 말씀이 있습니까?

10. 다음 회의는 금요일 오전에 있을 겁니다.

Комплексная практика	

1. 판매 전략을 논의하려고 오늘 모두 모였습니다.

2. 같이 논의할 안건은 모두 3개입니다.

3. 늦어도 점심시간 전까지 회의를 마칠 겁니다.

4. 회의를 마치기 전에 질문이 있습니까?

5. 다음 회의는 금요일 오전에 있을 예정입니다.

Глава. 09

정답 (Правильные ответы)

Задание 1

Напишите правильное значение следующих слов.

1. 홍보   продвижение
2. 영상   видео
3. 유감   сожаление
4. 기능   функция
5. 공유   поделиться
6. 행사   событие
7. 인사 이동   кадровая реорганизация
8. 부고   уведомление о смерти
9. 소식   новости
10. 임종   умереть / скончаться

Подберите слова с одинаковым значением.

1. результат   • 성과
2. искренние соболезнования   • 삼가 조의
3. приказ о назначении / переводе на новую должность

     • 발령
4. продление   • 연장
5. соболезнования   • 위로
6. продвижение   • 승진
7. похороны   • 장례식
8. горе / опустошенность   • 상심
9. смерть отца   • 부친상
10. покойный   • 고인

Речевые обороты

1. 직원 분들은 모두 회사 게시판을 확인해 주세요.

2. 부서원들과 아이디어를 공유해 주세요.

3. 회사 게시판에 정보를 바로 올리겠습니다.

4. 회사 정보를 공유해주세요.

5. 결혼식은 2월에 있을 예정입니다.

6. 부친상 소식을 듣게 되어 유감입니다.

7. 위로의 말씀 고맙습니다.

8. 장례식은 A병원에서 있을 예정입니다.

9. 뭐라고 말씀드려야 할지 모르겠습니다.

10. 승진을 축하드립니다.

Комплексная практика

1. 승진을 진심으로 축하드립니다.

2. 영업부로 옮기실 예정이라고 들었습니다.

3. 인사 이동 공지가 있을 예정입니다.

4. 업무 내용을 나에게 공유해 주세요.

정답 (Правильные ответы)

Задание 1

Напишите правильное значение следующих слов.

1. 회식	корпоративный ужин
2. 모임	собрание / встреча
3. 환영식	приветственная церемония
4. 노래방	караоке
5. 차 (1차, 2차)	раунд (первый раунд, второй раунд)
6. 인정	принятие / признание
7. 건배	тост
8. 선창	начать / вести
9. 외치다	выкрикивать
10. 실례	доверие

Подберите слова с одинаковым значением.

1. крепкий алкоголь • 독한 술

2. все • 모두

3. за • 위하여

4. подготовка • 준비

5. через долгое время / впервые за долгое время

• 오랜만에

6. приятный • 즐겁다

7. важно • 중요하다

8. вставать / уходить • 일어나다

9. действительно • 정말

10. рано • 일찍

Задание 2

Речевые обороты

1. 오늘 회식은 어디에서 있습니까?

2. 몇 시까지 가야 합니까?

3. 내일 회의 준비 때문에 오늘 모임에는 참석하기 어렵습니다.

4. 출장 잘 다녀오세요.

5. 오늘 회식은 한국식당으로 하겠습니다.

6. 다같이 건배하겠습니다.

7. 저는 소주를 못 마십니다. 맥주를 마시겠습니다.

8. 오늘 회식 자리가 정말 즐거웠습니다.

9. 부서원들과 서로 잘 알게 되었습니다.

10. 실례지만, 20분 후에 먼저 나가겠습니다.

Комплексная практика

1. 닭갈비로 하겠습니다.

2. 저는 소주를 못 마십니다.

3. 같이 건배합시다.

4. 가족 같은 느낌이 들었습니다.

Задание 1

Напишите правильное значение следующих слов.

1. 방문   посещение
2. 예상   предположение / ожидание
3. 유통망   дистрибьюторская сеть
4. 항공편   рейс
5. 공장   завод
6. 지점   филиал
7. 마중   встреча

   (кого-нибудь в аэропорту / на вокзале и т.д.)

8. 약품   лекарство / медикаменты
9. 생산   производство
10. 예절   этикет

Подберите слова с одинаковым значением.

1. подробный   • 세부
2. развиваться / развитый   • 발전하다
3. юридическое лицо   • 법인
4. сотрудничать   • 손을 잡다
5. текущая ситуация   • 현황
6. ожидать   • 기대하다
7. комфортный / удобный   • 편하다
8. сотрудничество   • 협력
9. строительство   • 건설
10. известный   • 유명하다

Задание 2	**Речевые обороты**

Речевые обороты

1. 한국으로 출장을 갑니다.

2. 공항으로 마중나와 주실 수 있습니까?

3. 항공편을 알려 주세요.

4. 회사까지 어떻게 가야합니까?

5. 시간이 얼마나 걸립니까?

6. 우리회사는 자동화 생산으로 유명합니다.

7. 같이 손을 잡게되어 기쁩니다.

8. 빨리 보내드리겠습니다.

9. 공장 건설에 대해 협력하기를 바랍니다.

10. 앞으로 잘 부탁드리겠습니다.

Комплексная практика

1. 계약차 귀사로 출장을 갈 겁니다.

2. 공항으로 마중나와 주실 수 있습니까?

3. 항공편이 어떻게 됩니까?

4. 오실 때 제품 목록도 부탁드립니다.

Задание 1

Напишите правильное значение следующих слов.

1. 육아   уход за ребенкоми

2. 휴직   отпуск [без содержания]

3. 경조   семейное мероприятие / мероприятие
          поздравлений или соболезнований

4. 반차   отгул на полдня

5. 병가   больничный

6. 연차   ежегодный отпуск

7. 보상   компенсационный

8. 휴일   праздник / выходной

9. 추억   воспоминания

10. 검사   осмотр / проверка

Подберите слова с одинаковым значением.

1. регламент / правила   • 규정

2. замена   • 대행자

3. начальник отдела   • 부서장

4. назначить / выбрать   • 선임

5. уйти из жизни / скончаться   • 돌아가시다

6. написать   • 작성하다

7. причина   • 사유

8. семья / дом   • 집안

9. работа / обязанности   • 직무

10. старшие   • 어르신

Задание 2

Речевые обороты

1. 보상 휴가를 신청해도 될까요?

2. 연장근무 확인서를 제출하세요.

3. 동생 결혼식이 있어서 휴가를 냈습니다.

4. 가족과 즐거운 추억을 만드세요.

5. 몸이 아파서 병가를 내기로 했습니다.

6. 검사 받으러 내일 병원에 갈 겁니다.

7. 휴가 사유를 작성하여 휴가신청서를 제출해주시기 바랍니다.

8. 부장님은 출장 중입니다.

9. 많이 피곤해 보입니다.

10. 이틀 동안 연장근무를 했습니다.

Комплексная практика

1. 피곤해 보입니다.

2. 병가를 내기로 했습니다.

3. 병원에서 진료를 받고 푹 쉬도록 하세요.

4. 예약이 가능한지 알아 보겠습니다.

저자 소개

곽부모 Бумо Каук

현 페르가나한국국제대학 한국어학과 교수.
러시아, 슬로베니아, 체코 등에서 교수로 일했으며, 많은 제자들이 한국 기업에서 근무 중이다. 이들 학생들에게 도움을 주고자 이 책을 집필하였다.
『한국어 말하기 평가』 외 다수의 공저와 한국어교육학, 언어학 관련 다수의 논문이 있다.
E-mail: bmkawk@kiuf.uz

비즈니스 한국어 문형
러시아어권 학습자를 위하여

초판 1쇄 인쇄   2021년 4월 1일
초판 1쇄 발행   2021년 4월 16일

지은이   곽부모
펴낸이   이대현
편 집   이태곤 문선희 권분옥 임애정 강윤경
디자인   안혜진 최선주 이경진
마케팅   박태훈 안현진

펴낸곳   도서출판 역락
출판등록   1999년 4월 19일 제303-2002-000014호
주소   서울시 서초구 동광로 46길 6-6 문창빌딩 2층 (우06589)
전화   02-3409-2060(편집), 2058(마케팅)
팩스   02-3409-2059
홈페이지   www.youkrackbooks.com
이메일   youkrack@hanmail.net

ISBN 979-11-6244-708-6 94700
ISBN 979-11-6244-707-9 94700(전2권)